Die schönsten

Badeseen

in Brandenburg und Berlin

Badespaß im kühlen Nass – Freizeitparadies Badesee

Anreise • Verkehrsverbindungen
Parkplätze • Bademöglichkeiten
Naturschutz • Sehenswürdigkeiten

Herausgegeben von
Emmerich Müller

Drei Brunnen Verlag Stuttgart

Vorwort

Ob am Wochenende, nach der Arbeit oder für daheim gebliebene Urlauber - der Ausflug an einen Badesee gehört zweifelsohne zu den beliebtesten Freizeitaktivitäten während der warmen Jahreszeit!
Dieser handliche Badeseenführer gibt allen Wasserratten und Sonnenhungrigen einen Überblick über die schönsten Badeseen in Brandenburg und Berlin.
Die einzelnen Seebeschreibungen beginnen mit allgemeinen Angaben zur Lage, Größe und Art des Sees. Besonders praktisch sind die Erläuterungen der Anfahrtsstrecken (auch mit öffentlichen Verkehrsmitteln) und zu Parkmöglichkeiten, bei denen Hinweise zu Parkgebühren, Parkplatzüberwachung sowie Abstellplätze für Fahrräder nicht fehlen dürfen.
Ob Baggersee, Natursee, Moorsee oder Stausee - jedes Gewässer hat seinen eigenen Reiz und wartet darauf, entdeckt zu werden. Die Badeplätze werden ausführlich beschrieben und die Einrichtungen des Strandbades aufgeführt, beispielsweise ob man sich auf Stegen, Sprungbrettern, Rutschen und Badeinseln austoben kann. Bei den Informationen zu Öffnungszeiten und Eintrittsgebühren wurde auf Preisangaben verzichtet, da sich diese von Saison zu Saison ändern können.
Für alle, die auch sportlich aktiv werden möchten, bietet der handliche Führer Hinweise zu Sport- und Freizeitmöglichkeiten rund um den See. Neben Informationen zu Sportplätzen und Wassersportangeboten gibt das Buch Auskunft darüber, ob Surfbretter, Boote oder andere Sportgeräte gemietet werden können.
Da die Sicherheit beim Baden einen hohen Stellenwert einnimmt, finden sich Angaben zur Überwachung durch DLRG, Rotes Kreuz, Wasserwacht u. ä. Außerdem wird beschrieben, ob es eine abgeteilte Nichtschwimmerzone gibt oder ob der Uferbereich so flach abfällt, dass sich Kinder dort gefahrlos aufhalten können. Damit bei den kleinen Badegästen keine Langeweile aufkommt, ist angegeben, ob Kinderspielplätze vorhanden sind oder ob für Spielgeräte im Wasser gesorgt ist. Der behindertengerechte Zugang zum Strand und zum See wird ebenfalls berücksichtigt. Für den Komfort der Badegäste sind auch Angaben zu sanitären Anlagen wie WCs, Duschen und Umkleidekabinen wichtig. Hundebesitzer erfahren, ob ihr vierbeiniger Freund am ausgewählten Badestrand willkommen ist.
Für das leibliche Wohl sorgen Gaststätten, Imbissbuden und Kioske. Außerdem erfährt man, ob es Grillplätze gibt und ob man seinen eigenen Grill mitbringen darf.
Dass es in der näheren Umgebung der Badestellen noch anderes zu erleben gibt, offenbaren die nützlichen Hinweise zu Sehenswürdigkeiten und Ausflugstipps.
An manchen Seen sind aus Naturschutzgründen Teile des Ufer- oder Seebereichs gesperrt. Diese Sperrungen und andere umweltrelevante Aspekte sollte man unbedingt beachten - schließlich soll das „Freizeitparadies Badesee" auch in Zukunft noch vielen Badefans offen stehen!

Na dann kann's ja losgehen! Auf zum See und rein ins erfrischende Nass!

Das Land Brandenburg ist mit 30 000 km^2 das flächenmäßig größte der neuen Bundesländer. Geprägt ist es vor allem durch eine wunderbare Landschaft, die durch ruhige Kiefernwälder, herrliche Parks und Moore besticht. Brandenburg ist zudem das gewässerreichste Land in Deutschland: Zwischen Uckermark im Norden und Elbe-Elster-Niederung im Süden befinden sich ca. 3000 Seen und 33000 km Fließgewässer. Ein Naturerlebnis der besonderen Art verspricht ein Besuch im Spreewald, dem „Venedig des Nordens". Über 970 km schlängelt sich hier die Spree durch eine Landschaft, welche die letzte Eiszeit erschaffen hat. Am besten lässt sich diese mit dem Kahn auf dem Wasserweg entdecken. Als Biosphärenreservat untersteht der Spreewald dem Schutz der UNESCO.
Doch nicht nur landschaftlich, sondern auch architektonisch und kulturell hat Brandenburg einiges zu bieten. Das bekannteste Bauwerk ist wohl das Schloss Sanssouci, das „preußische Versailles" in der Landeshauptstadt Potsdam. Das UNESCO Weltkulturerbe mit den großen, herrlich angelegten Gärten lässt den Besucher in längst vergangene Zeiten eintauchen. Die jährlich stattfindenden Musikfestspiele Potsdam Sanssouci sowie die Potsdamer Schlössernacht zählen zu den kulturellen Highlights. Rund 500 weitere Schlösser und Herrenhäuser - verteilt im ganzen Land - erzählen eine preußisch geprägte Geschichte. Neben Potsdam gibt es natürlich auch andere Städte, die mit ihren historischen Stadtkernen einen Besuch lohnen. Dazu gehören z. B. Brandenburg an der Havel, Rheinsberg und Cottbus. Zu den bekanntesten Bürgern Brandenburgs zählt der Dichter Theodor Fontane. Er huldigt seine Heimat in dem mehrbändigen Werk „Wanderungen durch die Mark Brandenburg", das auf literarische und unterhaltsame Weise bei der Entdeckung dieses Landes hilft. Wer sich lieber musikalisch auf einen Besuch der Region einstimmt, dem seien Johann Sebastian Bachs „Brandenburgische Konzerte" empfohlen, die heute noch zu zahlreichen Anlässen aufgeführt werden. Für Interessierte an der Filmgeschichte ist ein Besuch im Filmpark Babelsberg ein „Muss". Europas größtes und ältestes Filmgelände wird Cineasten an viele erfolgreiche Filme aus Ufa-Zeiten erinnern, aber selbst heute werden hier noch bedeutende Filme produziert.

Brandenburg ist auch sportlich! Egal, ob man gerne mit den Inlineskates oder dem Fahrrad die Umgebung entdecken möchte, der Flaeming-Skate verspricht unbegrenzten Fahrspaß. Auf einer Länge von 190 km führen Strecken verschiedenen Schwierigkeitsgrades durch eine abwechslungsreiche Landschaft, vorbei an kleinen Dörfern und Sehenswürdigkeiten. Ein Besuch in dem vielfältigen Land Brandenburg lohnt sich immer!

Übersichtskarte

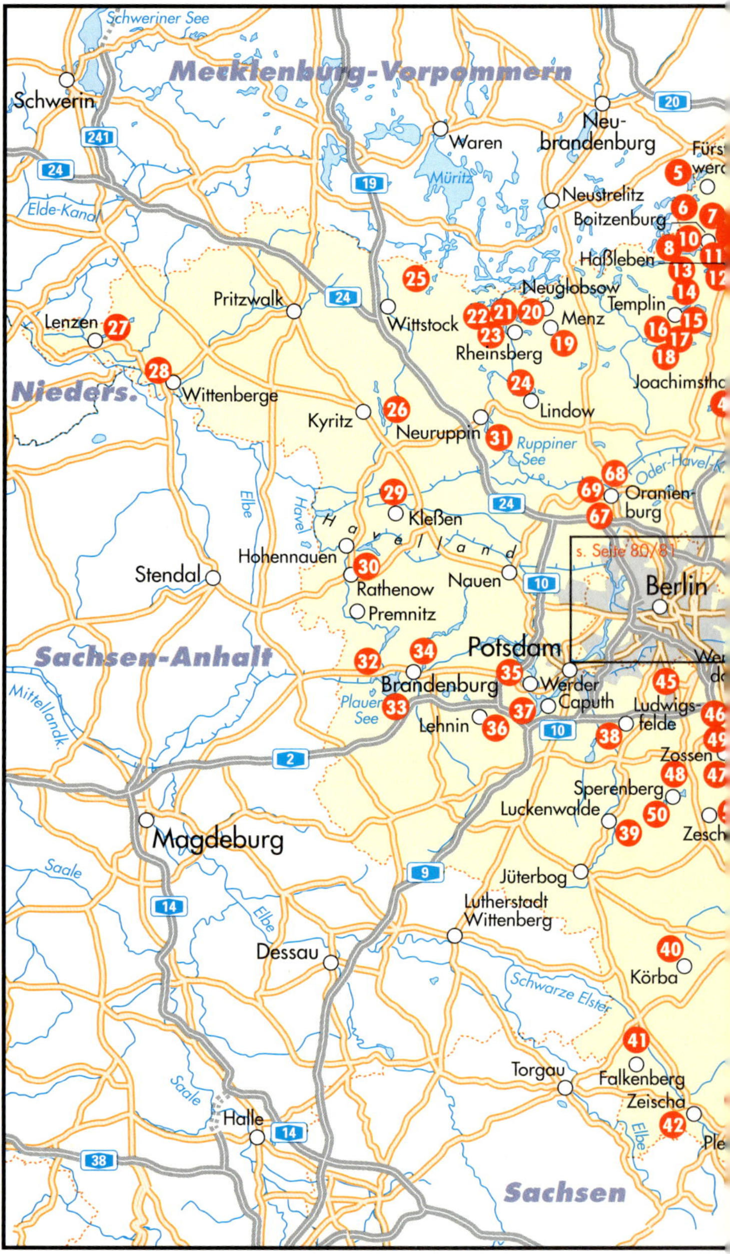

N
Szczecin (Stettin)
A6
Prenzlau
1
Warnitz
11
Schwedt
3
Angermünde
POLEN
erswalde
Oderbruch
Odra
Oder
Warta
66
Petershagen/ Eggersdorf
10
64
65
Fürstenwalde
Grün-heide
62
12
Frankfurt/ Oder
nigs Wusterhausen
61
Eisen-hütten-stadt
53
60
Spree
Schernsdorf
54
Limbsdorf
Märkisch Buchholz
59
Bremsdorf
52
55
Gr. Schwielowsee
Goyatz
Lamsfeld
58
56
Tauer
Schenken-döbern
57
Spreewald
uckau
Cottbus
Neiße
13
15
Spree
ederlausitz
Senftenberg
44
Hoyerswerda
Sachsen

10 Tipps für ein sicheres Badevergnügen

1. Bevor man ins Wasser geht, sollte man sich unbedingt abkühlen! Außerdem sollte man das Wasser sofort verlassen, sobald man friert.
2. Niemals mit vollem oder ganz leerem Magen baden gehen!
3. Als Nichtschwimmer sollte man nur bis zur Brust ins Wasser gehen!
4. Einen Sprung ins Wasser sollte man nur wagen, wenn das Wasser frei und tief genug ist, Sichttiefe mindestens 1 m! Unbekannte Ufer und sumpfige, pflanzendurchwachsene Gewässer bergen viele Gefahren!
5. Die eigene Kraft und das eigene Können darf man niemals überschätzen! Also: Nicht allein und nicht zu weit hinausschwimmen!
6. Auch Rücksichtnahme gehört zu einem gelungenen Badetag. Besonders sollte man auf Kinder und ältere Badegäste, aber auch auf andere Wassersportler und bauliche Gegebenheiten (z. B. an Staumauern, Schleusen und Wehren) Acht geben.
7. Bei Gewitter ist Baden lebensgefährlich! Sobald Blitz und Donner heraufziehen, sollte man das Wasser verlassen.
8. So verlockend die bunten Spielzeuge sein mögen: Luftmatratzen, Autoschläuche und Gummitiere sind keine zuverlässigen Schwimmhilfen!
9. Damit auch die anderen Badegäste die schöne Umgebung genießen können: See und Ufer unbedingt sauber halten, d. h. Abfälle im Mülleimer entsorgen oder einpacken und mitnehmen!
10. Zu intensive Sonnenbäder sollte man meiden. Die Sonnencreme mit dem richtigen Lichtschutzfaktor gehört unbedingt in die Badetasche!

Der Unteruckersee ist ein Überbleibsel der letzten Eiszeit. Heute ist der im Südwesten der Stadt gelegene See ein Landschaftsschutzgebiet.

- Natursee: 2000 ha
- Tiefe: bis 18 m
- Strandbad (Eintritt, ÖZ: 15. Mai bis 30. Juni und 1. bis 15. September 9-18 Uhr, 1. Juli bis 31. August 9-20 Uhr)

i Stadt Prenzlau, 17291 Prenzlau, Tel: 03984/750

Anfahrt - A 11 Berlin - Polen, Ausfahrt Gramzow, auf B 198 nach Prenzlau. Dort auf Schwedter Straße und Baustr. Geradeaus bis zur Kreuzung mit B 109, dort links. Dem Marktberg entlang bis zur Neustadt. Links zur Uckerpromenade. - Mit dem Stadtbus 449.
Parken - Kostenlose, unbewachte P, Fahrradabstellplätze.
Badeplätze - Überwachtes Strandbad mit Stegen, Sprungbrettern, Sprungturm, Rutschen. Zugang auch für Rollstuhlfahrer, FKK ist im Seebad verboten.
Sport & Spaß - Baden, Segeln, Angeln, Surfen, Motorboote mit Genehmigung (auch Verleih), Kanu, Drachenboote, Fußball, Volleyball, Tischtennis, Minigolf, Streetball, Schach.
Kinder - Abgeteilter Nichtschwimmerbereich, flach abfallendes Ufer, Spielplatz.
Essen & Trinken - Imbiss.
Besonderheiten - Grillen ist verboten. Hunde dürfen in das Seebad nicht mitgebracht werden. Bestimmte Uferbereiche sind aus Naturschutzgründen gesperrt.
Sehenswertes in der Umgebung - Dominikanerkloster, Naherholungsgebiet „Kleine Heide".
Weitere Badeseen in der Umgebung - Oberuckersee bei Warnitz, Großer Wahrensee Fürstenwerder.

Der Unteruckersee ist ein großer und beliebter Badesee im Landkreis Uckermark. Bei schönem Wetter tummeln sich im Strandbad bis zu 1000 Besucher, denn das Angebot dort ist sehr vielfältig. Zahlreiche Sportanlagen für Ballspiele und sogar ein Minigolfplatz sorgen für Abwechslung. Auch ein Schachfeld kann genutzt werden. Wer nicht auf der Wiese direkt liegen möchte, kann es sich auch in einem Strandkorb bequem machen. Vor allem Kinder können sich im Wasser austoben. Eine Rutsche und der Sprungturm versprechen jede Menge Spaß. Außer dem Strandbad gibt es noch weitere Badestellen am Unteruckersee. An diesen ist es FKK-Anhängern erlaubt, auch ohne Bekleidung zu schwimmen und sich zu sonnen. Dort gibt es allerdings keine Badeaufsicht und keine sanitären Anlagen. Wer genug vom Baden hat, kann mit Fahrgastschiffen eine Fahrt auf dem See unternehmen.

02 Oberuckersee / Oberuckersee-OT Warnitz

Im Biosphärenreservat Schorfheide-Chorin liegt der Oberuckersee.

- Natursee: 650 ha
- Tiefe: bis 28 m
- Strandbad

i Camping Oberuckersee, 17291 Oberuckersee-OT Warnitz, Tel: 039863/459

Anfahrt - A 11 Berlin - Polen, Ausfahrt Warnitz, den Campingschildern folgen.- Bahn: ab Berlin mit RE 3 Richtung Stralsund Bahnhof Warnitz.
Parken - 20 kostenlose, unbewachte P, Abstellplätze für Fahrräder.
Badeplätze - Kostenpflichtiges Strandbad mit Stegen und Badeinseln, Zugang auch für Rollstuhlfahrer möglich, kein ausgewiesener FKK-Strand.
Sport & Spaß - Baden, Angeln, Segeln, Surfen, Volleyball, Tischtennis, Boots- und Fahrradverleih.
Kinder - Kein abgeteilter Nichtschwimmerbereich, sehr flacher Uferbereich, Abenteuerspielplatz.
Essen & Trinken - Einkehrmöglichkeiten, Kiosk mit Imbiss.
Besonderheiten - Grillstellen vorhanden, auch der eigene Grill kann mitgebracht werden. Hunde sind erlaubt, dürfen an der Badestelle aber nicht ins Wasser.
Sehenswertes in der Umgebung - Burgwallinsel auf dem Oberuckersee, Eisenbahnmuseum in Gramzow, Ökostation Prenzlau.
Weitere Badeseen in der Umgebung - Unteruckersee.

Die Badestelle am Campingplatz ist ein echter Geheimtipp. Außerhalb der Ferienzeit findet man hier ein ruhiges Plätzchen zum Entspannen. Ein großes Augenmerk wird auf den Erhalt der natürlichen Umgebung gelegt. Auch Menschen im Rollstuhl werden sich hier wohlfühlen, denn die sanitären Anlagen sind alle behindertengerecht. Auf Kinder sollte man im Wasser achten, da es gibt keine abgegrenzte Nichtschwimmerzone gibt. Auf dem Abenteuerspielplatz werden sie sich aber sicher auch außerhalb des Wassers vergnügen. Wer mit dem Fahrrad auf dem Fernradweg Berlin - Usedom unterwegs ist, dem bietet der Oberuckersee einen erholsamen Zwischenstopp auf der langen Reise.

Der Wolletzsee liegt im Biosphärenreservat Schorfheide-Chorin.

- Natursee: 332 ha
- Tiefe: bis 21 m
- Strandbad (Eintritt, ÖZ: Mai und September 9-19 Uhr, Juni, Juli und August 9-20 Uhr)

i Stadt Angermünde,
16278 Angermünde,
Tel: 03331/260025

Anfahrt - A 11 Berlin - Polen, Ausfahrt Joachimsthal, nach Angermünde. Von Angermünde ca. 4 km Richtung Altkünkendorf. - Direktverbindung mit der Bahn von Berlin nach Angermünde.
Parken - 600 kostenlose, unbewachte P, Fahrradstellplätze.
Badeplätze - Überwachtes Strandbad mit Steg und Rutsche, Zugang auch für Rollstuhlfahrer, FKK ist verboten.
Sport & Spaß - Baden, Angeln, Segeln, Surfen, Volleyball, Tischtennis, Bootsverleih.
Kinder - Abgeteilte Nichtschwimmerzone, flacher Uferbereich, großzügig angelegter Kinderspielplatz, Kinderrutsche „Kraki".
Essen & Trinken - Kiosk mit Imbiss, Saisongaststätte im Strandbad.
Besonderheiten - Hunde dürfen nicht mitgebracht werden, Grillen ist verboten.
Sehenswertes in der Umgebung - Wildpark Schorfheide, multimediales Informationszentrum des NABU „Blumberger Mühle", Kloster Chorin, Skulpturen im historischen Stadtkern.

Das Strandbad in Angermünde wird am Wochenende bei schönem Wetter von 2000 bis 3000 Besuchern aufgesucht. Besonders für Kinder verspricht das Strandbad ungetrübten Badespaß. Ein großzügig angelegter Spielplatz sowie eine Wasserrutsche und ein großer Nichtschwimmerbereich bieten ausreichend Unterhaltungsmöglichkeit. Da kommt keine Langeweile auf! Damit auch sicher nichts passiert, wird das Strandbad von zwei hauptamtlichen Schwimmmeistern überwacht. Sanitäre Anlagen sind auch behindertengerecht vorhanden.

04 Werbellinsee / Joachimsthal

Der Werbellinsee bei Joachimsthal ist besonders für Sportfreunde einen Ausflug wert.

- Natursee: 764 ha
- Tiefe: bis 60 m
- Strandbad (Eintritt, Badesaison: 1. Mai bis 30. September)

i EJB Werbellinsee GmbH,
16247 Joachimsthal,
Tel: 033363/6296

Anfahrt - A 11 Berlin - Polen, Ausfahrt Werbellin, Richtung Altenhof, dort auf der Hauptstr. Richtung Joachimsthal. Ca. 1 km hinter dem Ortsausgang links Einfahrt zum Strandbad. - Mit der Buslinie 915 (am Wochenende Linie 917) ab Eberswalde.

Parken - Teilweise bewachte, kostenpflichtige P. Fahrradstellplätze vorhanden.

Badeplätze - Überwachtes Strandbad mit Stegen und Sprungbrett, Zugang zum See auch mit Rollstuhl möglich, FKK verboten.

Sport & Spaß - Baden, Angeln, Segeln, Surfen, Motorboote, Kanu, Rudern, Tauchen, Fußball, Volleyball, Bootsverleih, Tischtennis.

Kinder - Abgeteilter Nichtschwimmerbereich, flaches Ufer, Kinderspielplatz, im Wasser keine Spielgeräte.

Essen & Trinken - Einkehrmöglichkeiten und Imbiss.

Besonderheiten - Hunde dürfen an der Leine mitgebracht werden, Grillen ist nicht erlaubt.

Weitere Badeseen in der Umgebung - Grimnitzsee.

Das Strandbad EJB am Werbellinsee in Joachimsthal ist ein beliebter Ausflugsort, der vor allem bei Sonnenschein sehr gut besucht ist. Es kann auf unterschiedlichen Wegen erreicht werden. Entweder auf dem klassischen Weg zu Fuß an den Strand oder man steuert über den Wasserweg direkt den strandbadeigenen Steg an. Die vielen Sportangebote am See lassen den Tag zum Erlebnis werden. Wer anschließend Hunger verspürt, kann sich am Imbiss oder in umliegenden Einkehrmöglichkeiten stärken. Toiletten, Duschen und Umkleidekabinen sind im Strandbad vorhanden. Jedoch muss beachtet werden, dass ausschließlich die Umkleidekabinen auch behindertengerecht sind.

Badestelle am Campingplatz „Am Spring"

Die Badestelle ist ebenso wie das Strandbad EJB über die A 11 erreichbar. Die Ausfahrt Finowfurt liegt am günstigsten zum Campingplatz. Weiter über die B 198 über Eichhorst Richtung Joachimsthal. Die Zufahrt zum See ist am Jagdschloss Hubertusstock. Mit dem Bus fährt man ab Eberswalde bis Haltestelle Hubertusstock. 100 kostenpflichtige P und Fahrradabstellplätze stehen zur Verfügung. Im Gegensatz zum Strandbad ist die Badestelle am Campingplatz ganzjährig geöffnet. Der Badebereich ist abgegrenzt und kostenpflichtig. Für Kinder ist ein abgeteilter, ungefährlicher Nichtschwimmerbereich vorhanden. Zusätzlich fällt das Ufer flach ab, so dass dem gefahrlosen Planschen nichts entgegenstehen dürfte. Am Ufer befinden sich ein Spielplatz und ein Trampolin. Ein Zugang zur Badestelle mit dem Rollstuhl ist möglich, ebenso sind behindertengerechte Sanitäranlagen vorhanden. FKK ist nicht erlaubt. Wer Hunger verspürt, kann sich im Restaurant bei ungarischer Küche oder am Kiosk stärken. Zusätzlich stehen Grillstellen zur Verfügung, aber auch der eigene Grill kann mitgebracht werden. Hunde müssen dagegen zuhause bleiben. Die Liegewiese ist eingerahmt von alten, Schatten spendenden Bäumen. Wem das Dösen in der Sonne zu langweilig wird, kann sich auf dem Volleyballfeld oder bei einer Partie Tischtennis sportlich betätigen. Ein Boots- und Fahrradverleih laden ein, die Umgebung auf dem Wasser- oder Landweg zu erkunden.

i Campingplatz „Am Spring", 16247 Joachimsthal, Tel: 033363/72965

05 Großer Wahrensee / Fürstenwerder

Der Große Wahrensee in der Uckermark ist ein Natursee, den man sowohl auf und im Wasser erkunden, als auch auf einem gekennzeichneten Rundweg umwandern kann.

- Natursee: 400 ha
- Tiefe: bis 30 m
- Kein Strandbad

i Fremdenverkehrsverein Fürstenwerder, 17291 Nordwestuckermark, Tel: 039859/202

Anfahrt - A 20 Neubrandenburg - Kreuz Uckermark, Ausfahrt Woldegk. Über Woldegk nach Fürstenwerder. - Mit dem Bus: Direkte Verbindung ab Prenzlau ZOB.
Parken - Ca. 40 kostenlose, unbewachte P in der Nähe des Sees, keine Abstellplätze für Fahrräder vorhanden.
Badeplätze - Kein abgegrenzter, überwachter Badebereich, Zugang auch für Rollstuhlfahrer, FKK erlaubt.
Sport & Spaß - Baden, Angeln, Segeln, Surfen, Motorboote nur mit Elektromotor, Fußball, Volleyball, Bootsverleih.
Kinder - Kein abgeteilter Nichtschwimmerbereich, flaches Ufer, Kinderspielplatz.
Essen & Trinken - Einkehrmöglichkeit, Imbiss.
Besonderheiten - Keine Grillmöglichkeit, Hunde sind verboten. Bestimmte Uferbereiche aus Gründen des Naturschutzes gesperrt.
Sehenswertes in der Umgebung - Stadt Woldegk, Gutspark in Warbende mit seltenen Bäumen, Boitzenburg mit Renaissanceschloss, Landschaftspark, Klosterruine und Museumsmühle.
Weitere Badeseen in der Umgebung - Dammsee.

Direkt über die Liegewiese erreicht man das Ufer des Großen Wahrensees. Es gibt kein Strandbad, jedoch kann man an freien Stellen in dem Natursee schwimmen. Am großen Uferbereich stehen Bäume, Gebüsch und Schilf. Doch auch freie Flächen und Liegewiesen laden zum ausgiebigen Sonnenbad ein. Wer den See auf anderen Wegen erkunden möchte, kann dies sowohl auf dem Surfbrett, mit dem Segelboot oder einem elektrobetriebenen Motorboot tun. Wer kein eigenes Boot besitzt, kann eines ausleihen. Einkehrmöglichkeiten und ein Imbiss sorgen für das leibliche Wohl. Auf sanitäre Anlagen muss man an der Badestelle jedoch verzichten. Kinder, die noch nicht schwimmen können, sollte man immer im Auge behalten, da es keine Nichtschwimmerzone gibt und der See auch nicht überwacht wird. Am Ufer gibt es aber auch einen Spielplatz, der als Beschäftigungsmöglichkeit genutzt werden kann. Nach dem Badevergnügen im Großen Wahrensee locken Ausflugsziele in der Umgebung. Ein Besuch der Uckermärkischen Heimatstuben in Fürstenwerder lohnt sich ebenso wie eine Wanderung auf dem gekennzeichneten Rundweg Wahrensee. Auf einer Länge von 18 Kilometern kann man das Umland des Sees zu Fuß erkunden.

Der Carwitzer See gehört zur Gemeinde Boitzenburger Land. Die beschriebene Badestelle befindet sich im Ortsteil Thomsdorf.

- Natursee: 28 ha
- Tiefe: keine Angaben
- Kein Strandbad

i Gemeindeverwaltung, 17268 Boitzenburger Land,
Tel: 039889/61430

Anfahrt - A 11 Berlin - Polen, Ausfahrt Gramzow, über Prenzlau Richtung Lychen, bei Hardenbeck Richtung Funkenhagen. Dort weiter auf K 7332 bis Ortseingang Thomsdorf, dort Kreuzung rechts abbiegen bis „Haus Thomsdorf".
Parken - Kostenlose, unbewachte P, keine Fahrradabstellplätze.
Badeplätze - Kein abgegrenzter Badebereich, der Zugang zum See ist auch für Rollstuhlfahrer möglich, FKK ist verboten.
Sport & Spaß - Baden, Angeln.
Kinder - Kein abgeteilter Nichtschwimmerbereich, kein Spielplatz.
Essen & Trinken - Keine Einkehrmöglichkeiten, kein Kiosk.
Besonderheiten - Grillen ist verboten, Hunde dürfen nicht mitgebracht werden. Bestimmte Uferbereiche sind aus Gründen des Naturschutzes gesperrt.
Sehenswertes in der Umgebung - Schloss Boitzenburg.
Weitere Badeseen in der Umgebung - Haussee, Kuhzer See, Schumellensee, Krewitzsee.

Obwohl es am Carwitzer See kein Strandbad gibt, ist der Badesee im Sommer dennoch gut besucht. Der Zugang zum See kann entweder über die Liegewiese oder einen Steg erfolgen. Der Natursee liegt inmitten von freien Wiesen. Wer leicht einen Sonnenbrand bekommt, sollte deshalb an ausreichend Schutz denken. Teile des Uferbereiches sind mit Schilf bewachsen und aus Naturschutzgründen für Badende gesperrt. Es bleibt aber dennoch genügend Platz in den See zu gelangen. Auf Kinder muss man am Carwitzer See gut aufpassen. Es gibt keine Badeaufsicht und auch keinen abgeteilten Nichtschwimmerbereich. Auch an ausreichend Beschäftigungsmöglichkeiten sollte man denken. Einen Kinderspielplatz gibt es hier nämlich nicht. Sanitäre Anlagen und die Möglichkeit, sich etwas zu essen oder zu trinken zu kaufen, sind nicht vorhanden. Man sollte sich also schon vorher ausreichend mit Verpflegung eindecken, alternativ in den nahe gelegenen Ort spazieren. Auch das Mitbringen des eigenen Grills ist verboten. Wer Sport betreiben möchte, wird keine feste Einrichtung vorfinden, jedoch kann man ja auch von zuhause einen Ball oder die Federballausrüstung mitbringen und sich auf der freien Wiese austoben. FKK-Anhänger sollten besser nicht zum Crawitzer See kommen, FKK ist hier nämlich verboten. Der Natursee sollte deshalb am besten nur von Badefreunden besucht werden, die den Strandbadkomfort nicht vermissen werden und sich einfach nur gemütlich in die Sonne legen oder schwimmen möchten.

07 Krewitzsee / Boitzenburger Land

Der Krewitzsee gehört zum Ortsteil Buchenhain. Die Badestelle liegt jedoch sehr idyllisch im Wald.

- Natursee: 4,7 ha
- Tiefe: keine Angaben
- Kein Strandbad

i Gemeindeverwaltung, 17268 Boitzenburger Land,
Tel: 039889/61430

Anfahrt - A 11 Berlin - Polen, Ausfahrt Gramzow, über Prenzlau Richtung Feldberg, bei Fürstenau links abbiegen nach Krewitz. Dort den alten Bahndamm entlang bis zur Eisenbahnbrücke, dann rechts zum See.
Parken - Keine P in unmittelbarer Nähe des Sees, keine Fahrradabstellplätze.
Badeplätze - Kein abgegrenzter Badebereich, Zugang für Rollstuhlfahrer nicht möglich, FKK ist verboten.
Sport & Spaß - Baden, Angeln, Ruderboote.
Kinder - Kein abgeteilter Nichtschwimmerbereich, steil abfallendes Ufer, kein Spielplatz.
Essen & Trinken - Keine Einkehrmöglichkeit, kein Imbiss.
Besonderheiten - Grillen verboten, Hunde dürfen nicht mitgebracht werden. Bestimmte Uferbereiche sind aus Gründen des Naturschutzes gesperrt.
Sehenswertes in der Umgebung - Schloss Boitzenburg, Heimatstube in Klaushagen.
Weitere Badeseen in der Umgebung - Carwitzersee, Kuhzer See, Warthesee, Suckowsee.

Ein Badebesuch am Krewitzsee ist etwas für Naturliebhaber, die außer einer schönen Liegewiese von einem Badesee nichts Sonstiges erwarten. Denn sportliche sowie sanitäre Einrichtungen sucht man hier vergebens. Auch für den eintretenden Hunger sollte man schon zuhause vorsorgen und reichlich Verpflegung mitbringen. Das Grillen ist aufgrund der Nähe zum Wald zu gefährlich. Dafür bietet der kleine See ein idyllisches Panorama, das man beim Schwimmen vom Wasser aus genießen kann. Am Ufer muss man nicht nur unter Schatten werfenden Bäumen liegen, es gibt auch sonnige Plätzchen. Der Andrang an der Badestelle ist gering - noch ein Grund mehr für Menschen, die gerne ohne viel Trubel den Badefreuden in der Natur nachgehen, zum Krewitzsee zu kommen. Wem es langweilig wird, der kann Spaziergänge in den angrenzenden Wald oder auf den Stegen hinaus aufs Wasser wagen. Wenn man mit Kindern an den Krewitzsee kommt, sollte man dies bereits vorher gut planen und ausreichend Spielsachen mitbringen, denn einen Spielplatz gibt es nicht. Im Wasser sollten Nichtschwimmer sehr vorsichtig sein. Das steil abfallende Ufer birgt Gefahren, denen man nicht leichtsinnig begegnen sollte. Besonders Angler werden sich an diesem ruhigen, kleinen See wohl fühlen. FKK-Anhänger sollten beachten, dass Schwimmen und Sonnen ohne Bekleidung verboten ist.

Der reizvolle Natursee bietet ruhiges Badevergnügen an zwei Badestellen.

- Baggersee: 17 ha
- Tiefe: keine Angaben
- 2 Badestellen

i Gemeindeverwaltung, 17268 Boitzenburger Land,
Tel: 039889/61430

Der Haussee ist ein ideales Ausflugsziel für Badegäste, die Ruhe und Erholung suchen. Auch von Anglern wird der Natursee gerne besucht. Einige Uferbereiche sind aus Naturschutzgründen gesperrt, doch an zwei Badestellen kann man sich ins kühle Nass begeben. Für genügend Proviant sollte man selbst sorgen, da es keinen Kiosk und keine Einkehrmöglichkeiten gibt und man auch nicht grillen darf. FKK ist an beiden Badestellen ebenso untersagt wie das Mitbringen von Hunden. Für Rollstuhlfahrer ist der See nicht zugänglich. Parkplätze sind an beiden Badestellen vorhanden. Die Gemeinde Boitzenburger Land bietet in ihren Ortsteilen viele Sehenswürdigkeiten wie Schloss Boitzenburg, der zweitgrößte ehemalige Herrensitz in Brandenburg, das Mühlenmuseum in Boitzenburg und das Schulmuseum in Hardenbeck. Beeindruckend ist auch die Klosterruine Boitzenburg. Interessante Einblicke in die Wohnkultur vergangener Zeiten gibt die Heimatstube Klaushagen. Neben den anderen Uckermärkischen Seen lohnt auch Prenzlau einen Besuch. Die dortige Marienkirche ist ein imposantes Bauwerk mittelalterlicher Backsteingotik. An der Südwestecke ist ein Standbild Martin Luthers aufgestellt. Neben der Marienkirche gibt es noch weitere schöne Gotteshäuser. Auch Reste der Stadtbefestigung aus dem 13. und 14. Jh. können besichtigt werden.

Badestelle Hardenbeck

Die Anfahrt führt von Hardenbeck auf der L 15 in Richtung Lychen. Am Ortsausgangsschild biegt man links ab und fährt noch ca. 500 m durch den Wald zum See. Mit dem Bus kann man bis Hardenbeck fahren und hat dann noch 1 km Fußweg vor sich. Im Nichtschwimmerbereich am sanft abfallenden Ufer können sich auch kleine Badegäste sicher tummeln (keine Badeaufsicht) oder sich auf dem Spielplatz austoben. Sportbegeisterten steht ein Volleyballfeld zur Verfügung.

Badestelle Rosenow

Auch zu dieser Badestelle gelangt man über die L 15 von Hardenbeck in Richtung Lychen. Die Bushaltestelle „Lychener Chaussee" liegt ca. 200 m vom See entfernt. Als Oase für Ruhesuchende präsentiert sich die Badestelle Rosenow. Die Liegewiese lädt zum Entspannen ein. Auf kleine Kinder sollte man von hier ein wachsames Auge haben, da keine Nichtschwimmerzone ausgewiesen wurde und das Ufer recht steil abfällt. In die Badetasche gehört auch unbedingt Lesestoff oder Spielzeug für die Kleinen, da es keinen Kinderspielplatz gibt.

09 Schumellensee / Boitzenburger Land

Der kleine uckermärkische Schumellensee im Ortsteil Boitzenburg ist ein beliebtes Ausflugsziel und besonders für Besucher geeignet, die auf Strandbadkomfort verzichten können.

- Natursee: 2,6 ha
- Tiefe: keine Angaben
- Kein Strandbad

i Gemeindeverwaltung, 17268 Boitzenburger Land,
Tel: 039889/61430

Anfahrt - A 11 Berlin - Polen, Ausfahrt Gramzow, über Prenzlau Richtung Lychen nach Boitzenburg. Von dort über die L 217 Richtung Templin. Am Ortsausgang rechts in den Wald (Waldweg). Der Beschilderung bis zum See folgen. - Mit dem Bus bis Boitzenburg, dann zu Fuß weiter Richtung Schloss Boitzenburg, durch den Wald der Beschilderung folgen (ca. 25 Min.).
Parken - 10 kostenlose, unbewachte P, keine Fahrradabstellplätze.
Badeplätze - Abgegrenzter Badebereich mit Stegen und Sprungbretter, Zugang zur Badestelle für Rollstuhlfahrer nicht möglich, FKK ist verboten.
Sport & Spaß - Baden, Angeln, Ruderboote, Volleyball.
Kinder - Kein abgeteilter Nichtschwimmerbereich, steil abfallendes Ufer, kein Spielplatz.
Essen & Trinken - Keine Einkehrmöglichkeit, kein Imbiss.
Besonderheiten - Grillen ist verboten, Hunde dürfen nicht mitgebracht werden. Bestimmte Uferbereiche sind aus Gründen des Naturschutzes gesperrt.
Sehenswertes in der Umgebung - Schloss Boitzenburg. Mühlenmuseum Boitzenbeurg.
Weitere Badeseen in der Umgebung - Krewitzsee, Kuhzer See, Carwitzer See.

Die Badestelle am Schumellensee ist sowohl am Wochenende als auch unter der Woche gut besucht. Man kann sie entweder direkt über die Liegewiese erreichen oder über einen Steg, den man mit dem Ruderboot ansteuern kann. Wer sich nicht nur im Wasser sportlich betätigen möchte, kann sich am Ufer beim Volleyballspiel verausgaben. Man sollte aber daran denken, den Ball bereits von zuhause mitzubringen, denn am See kann man keinen ausleihen. Auch an ausreichend Verpflegung muss im Vorfeld gedacht werden. Zwar kann man einen Fisch aus dem Schumellensee angeln, den Grill, um ihn anschließend zu braten, darf man hier allerdings nicht aufstellen. Für Kinder sollte man genügend Bücher oder Spielsachen mitbringen, damit es ihnen nicht langweilig wird. Im Wasser gibt es keine Nichtschwimmerzone und das Ufer fällt nicht überall flach ab. Auch einen Spielplatz gibt es leider nicht. Deshalb sollten Eltern immer wachsam sein und ihre Kinder nicht aus den Augen lassen! Bestimmte Uferbereiche sind aus Gründen des Naturschutzes gesperrt. Doch auch sonst findet sich genug Platz, rund um den See einen entspannten Tag zu verbringen.

Fürstenauer Haussee / Boitzenburger Land 10

Der Natursee liegt im Ortskern des Wohnplatzes Fürstenau und bietet immer ein ruhiges Plätzchen an seinem Ufer.

- Natursee: ca. 2,8 ha
- Tiefe: keine Angaben
- Kein Strandbad

i Gemeindeverwaltung, 17268 Boitzenburger Land,
Tel: 039889/61430

Anfahrt - Über die L 243 bzw. die L 254 nach Fürstenau. - Mit dem Bus bis Fürstenau, ca. 1 km Fußweg (beschildert).
Parken - 5 Parkplätze in Seenähe. Keine Fahrradabstellplätze.
Badeplätze - Liegewiesen. Keine Sanitäranlagen. Kein rollstuhlgerechter Zugang. FKK ist verboten.
Sport & Spaß - Baden, Angeln.
Kinder - Kein Nichtschwimmerbereich. Kein Kinderspielplatz.
Essen & Trinken - Keine Einkehrmöglichkeit, kein Kiosk.
Besonderheiten - Das Mitbringen von Hunden ist verboten. Grillen ist untersagt. Einige Uferbereiche sind aus Naturschutzgründen gesperrt.
Sehenswertes in der Umgebung - Zahlreiche Sehenswürdigkeiten in den Ortsteilen (s. u.). Prenzlau mit Marienkirche. Naturparks Feldberger Seenlandschaft und Uckermärkische Seen.

Für alle, die einfach mal ausspannen möchten und auf eine ausgeprägte Infrastruktur mit Sanitäreinrichtungen, Kiosk und Sportanlagen verzichten können (oder wollen), ist der Fürstenauer Haussee ein ideales Ausflugsziel. Auch „Petrijünger" kommen gerne hierher, um ihr Anglerglück zu versuchen. Mit kleinen Badegästen ist am teils steil abfallenden Ufer ohne abgetrennte Nichtschwimmerzone Vorsicht geboten. Auch ein Kinderspielplatz ist nicht vorhanden.
Ein Ausflug zum Fürstenauer Haussee lässt sich wunderbar verbinden mit einem Besuch der zahlreichen Sehenswürdigkeiten des Boitzenburger Landes in den verschiedenen Ortsteilen. Schloss Boitzenburg, eines der einst größten Herrenhäuser in Brandenburg, ist umgeben von einem Landschaftspark im englischen Stil, der vom berühmten Gartenarchitekten Peter Joseph Lenné gestaltet wurde. Vor der malerischen Silhouette der Klosterruine Marienpforte finden im Sommer Konzerte, Theateraufführungen und Gottesdienste statt. Rund um die Klosterruine erstreckt sich das Naturschutzgebiet Tiergarten, ein einst herrschaftliches Jagdrevier mit einem der größten in Mitteleuropa erhaltenen, 300 bis 900 Jahre alten Masteichen- und Buchenbestände. Zum Klosterbesitz gehörte einst auch die Klostermühle, deren technische Einrichtung fast vollständig erhalten ist. Das Mühleninventar dokumentiert die Entwicklung der Mühle vom 13. Jahrhundert bis heute. Darüber hinaus vermittelt die liebevoll zusammengestellte Ausstellung „Mensch - Maschine - Landarbeit" einen Einblick in das dörfliche Leben. Noch einmal die Schulbank drücken kann man im nostalgischen Ambiente des Schulmuseums Hardenbeck.

11 Wichmannsdorfer Haussee / Boitzenb. Land

Der im Ortskern von Wichmannsdorf gelegene Natursee zeichnet sich wie die anderen Badegewässer des Boitzenburger Landes durch seine ruhige Atmosphäre aus.

- Natursee: 2,2 ha
- Tiefe: keine Angaben
- Kein Strandbad

i Gemeindeverwaltung, 17268 Boitzenburger Land, Tel: 039889/61430

Anfahrt - L 24 bis Wichmannsdorf. - Bushaltestelle in 500 m Entfernung vom See.
Parken - 5 P in der Nähe des Sees. Keine Fahrradabstellplätze.
Badeplätze - Ausgewiesener Badebereich mit Liegewiese. Keine Badeaufsicht. Keine sanitären Anlagen. Kein rollstuhlgerechter Zugang. Kein FKK.
Sport & Spaß - Baden, Angeln, Volleyball.
Kinder - Kein Nichtschwimmerbereich. Steil abfallendes Ufer. Kein Kinderspielplatz.
Essen & Trinken - Keine Einkehrmöglichkeit, kein Kiosk.
Besonderheiten - Hundeverbot. Grillen ist untersagt. Einige Uferbereiche sind besonders geschützt und daher gesperrt.
Sehenswertes in der Umgebung - Schloss Boitzenburg. Klosterruine Boitzenburg. Mühlenmuseum Boitzenburg. Schulmuseum Hardenbeck. Heimatstube Klaushagen. Lenné-Park. Prenzlau mit Marienkirche. Naturparks Feldberger Seenlandschaft und Naturpark Uckermärkische Seen.

Der Wichmannsdorfer Haussee ist ein wahrer Geheimtipp: Auch am Wochenende herrscht hier kein großer Andrang, so dass man jederzeit ein ruhiges Plätzchen für Liegetuch oder Picknickdecke findet. Wer vom süßen Nichtstun genug hat, kann sich auf dem Volleyballfeld verausgaben oder sich natürlich im See erfrischen. Gut aufpassen sollte man am teils abrupt abfallenden Ufer auf kleine Kinder, da kein Nichtschwimmerbereich abgegrenzt ist und der Badebetrieb auch nicht beaufsichtigt wird. Es gibt auch keinen Spielplatz. Am Liegeplatz kann man sich dann das selbst mitgebrachte Picknick schmecken lassen - Grill- und Einkehrmöglichkeiten gibt es am See nicht.
Eine Besonderheit in der Gemeinde Boitzenburger Land ist der Kunsthandwerkerhof Thomsdorf im Ortsteil Funkenhagen. In der Holz- und Keramikwerkstatt sowie in der Kerzenmanufaktur wird traditionelles Kunsthandwerk betrieben und auch Besucher haben die Möglichkeit, ihre Ideen in eigene Kunstwerke umsetzen. Kinder- und Jugendgruppen können in der Probierküche individuelle Pizzas kreieren und im Steinbackofen zubereiten. Außerdem können Seminar- und Ausstellungsräume gemietet werden. Das gemütliche Hofcafé lädt zu Suppenspezialitäten nach Art des Hauses ein. Wer es lieber süß mag, bekommt hier auch einen Kaffee und selbstgebackenen Kuchen - ein kulinarischer Abschied nach einem Tag am Badesee.

Der Kuhzer See im Boitzenburger Land liegt zwischen den Orten Kuhz und Haßleben.

- Natursee: 20,7 ha
- Tiefe: keine Angaben
- Kein Strandbad

i Gemeindeverwaltung, 17268 Boitzenburger Land,
Tel: 039889/61430

Anfahrt - A 11 Berlin - Polen, Ausfahrt Gramzow, nach Prenzlau, dann auf B 109 bis Haßleben. Ca. 1 km hinter dem Ort auf einen Feldweg links abbiegen bis zum See.
Parken - 5 kostenlose, unbewachte P, keine Fahrradabstellplätze.
Badeplätze - Kein abgegrenzter Badebereich, Zugang für Rollstuhlfahrer nicht möglich, FKK ist verboten.
Sport & Spaß - Baden, Angeln.
Kinder - Kein abgeteilter Nichtschwimmerbereich, aber flach abfallendes Ufer, kein Spielplatz.
Essen & Trinken - Keine Einkehrmöglichkeit, kein Imbiss.
Besonderheiten - Das Grillen ist verboten, Hunde dürfen nicht mitgebracht werden, bestimmte Uferbereiche sind aus Gründen des Naturschutzes gesperrt.
Sehenswertes in der Umgebung - Schloss Boitzenburg, Heimatstube Klaushagen, historische Wassermühle Boitzenburg.
Weitere Badeseen in der Umgebung - Carwitzersee, Haussee, Schumellensee, Krewitzsee, Suckowsee.

Die Badestellen am Kuhzer See erreicht man über die Liegewiesen. Der Uferbereich des idyllisch gelegenen Sees ist teilweise mit Bäumen bewachsen. Wer es lieber sonnig mag, kann sich auf freien Liegewiesen ausbreiten. Der Besucherandrang an diesem See ist nur gering. Also fühlen sich hier besonders die Besucher wohl, die einen ruhigen Tag am Badesee dem Trubel im Strandbad vorziehen. Der eigene Grill darf nicht mitgebracht werden, und auch sonst gibt es keine Möglichkeit, etwas Essbares in Seenähe zu erwerben. Ein Spaziergang in den Ort Haßleben oder sich schon von zuhause etwas mitzubringen sind jedoch mögliche Alternativen. Da das Ufer flach abfällt, können auch Nichtschwimmer sicher den See ein Stück weit betreten. Eine abgetrennte Nichtschwimmerzone und eine Überwachung des Badebereichs gibt es nicht. Für Kinder sollte man an ausreichend Spiele und andere Beschäftigungsmöglichkeiten denken. Damit keine Langeweile aufkommt, kann man zum Beispiel verschiedene Bälle oder Brettspiele mitbringen. Ein Plätzchen am Ufer zum ausgelassenen Spiel wird sich schon finden! Angler finden ein ruhiges Gewässer vor, das nicht von Wassersportlern bevölkert wird. Leider kann der frische Fang am See nicht gegrillt werden - das ist nämlich verboten. Teilweise ist der See eingegrenzt von Schilf. Diese Bereiche sind aus Naturschutzgründen gesperrt und dürfen nicht betreten werden. Sanitäre Anlagen sind am Kuhzer See nicht vorhanden.

13 Großer Warthe See / Boitzenburger Land

Zwischen den Ortsteilen Warthe und Jakobshagen liegt der Große Warthe See im Naturpark Uckermärkische Seen.

- Natursee: 6 ha
- Tiefe: keine Angaben
- Kein Strandbad

i Gemeindeverwaltung, 17268 Boitzenburger Land,
Tel: 039889/61430

Anfahrt - A 11 Berlin - Polen, Ausfahrt Gramzow, über Prenzlau Richtung Lychen nach Boitzenburg. Von dort über die L 217 Richtung Klaushagen, rechts nach Stabeshöhe abbiegen. - Mit dem Bus bis Warthe, dann 1 km Fußweg.
Parken - 15 kostenlose, unbewachte P, keine Fahrradabstellplätze.
Badeplätze - Badestelle in Warthe und Jakobshagen, kein abgegrenzter Badebereich, der Zugang zum See ist für Rollstuhlfahrer nicht möglich, FKK ist verboten.
Sport & Spaß - Baden, Angeln.
Kinder - Abgeteilter Nichtschwimmerbereich, flach abfallendes Ufer, kein Spielplatz.
Essen & Trinken - Keine Einkehrmöglichkeit, kein Imbiss.
Besonderheiten - Grillen ist verboten, Hunde sind nicht erlaubt, bestimmte Uferbereiche sind aus Naturschutzgründen gesperrt.
Sehenswertes in der Umgebung - Schloss Boitzenburg, Heimatstube Klaushagen.
Weitere Badeseen in der Umgebung - Schumellensee, Carwitzer See, Kuhzer See, Krewitzsee.

Am Großen Warthe See gibt es zwei verschiedene Badestellen: die oben beschriebene Badestelle Stabeshöhe in Jakobshagen und eine weitere im Ortsteil Warthe. Diese erreicht man über die K 7331 aus Richtung Jakobshagen kommend. Am Ortseingang von Warthe muss man rechts abbiegen und anschließend der Beschilderung folgen. Dort gibt es fünf Parkplätze für die Badegäste. Der Badebereich ist abgegrenzt und im Gegensatz zu Klaushagen recht gut besucht. Immerhin gibt es hier eine Toilette, wenn auch Kinder ebenfalls auf einen Spielplatz verzichten müssen und es keine Einkehrmöglichkeit gibt. Das bedeutet, dass ein Besuch am Großen Warthe See im Voraus gut geplant sein muss. Für Kinder sollte man ausreichend Bücher oder sonstige Spielsachen mitbringen, um sie zu beschäftigen. Auch ein Picknickkorb kann sicherlich nicht schaden. Zwar kann man im See angeln, einen Grill darf man jedoch nicht mitbringen. Wer mit dem Auto unterwegs ist, kann jedoch auch in die nächste Ortschaft fahren und etwas gegen den Hunger besorgen oder einen Spaziergang nach Warthe oder Jakobshagen machen. Dort findet sich bestimmt eine Einkehrmöglichkeit. Wer vom Baden genug hat, kann in Warthe auch Volleyball spielen oder das Spielfeld für ein Federballmatch nutzen. Solange man die anderen Badegäste nicht stört, findet sich bestimmt auch auf den umliegenden Wiesen Platz, um ein bisschen mit dem Fußball zu kicken.

Umgeben von Wald kann man am Suckowsee im Ortsteil Klaushagen einen erholsamen Badetag genießen. Auch bei Anglern ist der Natursee beliebt.

- Natursee: 2,1 ha
- Tiefe: keine Angaben
- Kein Strandbad

Gemeindeverwaltung, 17268 Boitzenburger Land, Tel: 039889/61430

Anfahrt - Aus Richtung Boitzenburg über die L 217, der See liegt vor Klaushagen im Wald. Mit dem Bus bis Klaushagen, dann ca. 4 km Fußweg.
Parken - Keine Parkplätze und Fahrradabstellplätze in der Nähe des Sees.
Badeplätze - Kein abgegrenzter Badebereich. Liegewiesen, Stege. Keine Sanitäranlagen. Keine Badeaufsicht. FKK ist untersagt.
Sport & Spaß - Baden, Angeln.
Kinder - Keine abgeteilte Nichtschwimmerzone, teilweise steile Uferbereiche. Kein Kinderspielplatz.
Essen & Trinken - Keine Einkehrmöglichkeiten, kein Kiosk.
Besonderheiten - Grillen ist ebenso untersagt wie das Mitbringen von Hunden. Einige Uferbereiche sind aus Naturschutzgründen gesperrt.
Sehenswertes in der Umgebung - Schloss Boitzenburg. Klosterruine Boitzenburg. Mühlenmuseum Boitzenburg. Schulmuseum Hardenbeck. Heimatstube Klaushagen. Lenné-Park. Prenzlau mit Marienkirche. Naturparks Feldberger Seenlandschaft und Naturpark Uckermärkische Seen.

Auch ohne ausgewiesenes Strandbad bietet der Suckowsee gute Voraussetzungen, um im erfrischenden Nass zu schwimmen oder am Ufer einfach die Seele baumeln zu lassen. Mit Ausnahme der besonders geschützten und daher gesperrten Uferbereiche ist der See von allen Seiten zugänglich; den Einstieg erleichtern Stege. Um das Ufer herum gibt es Schatten spendende Waldgebiete. Im Wasser muss man Kinder gut beaufsichtigen, da das Ufer ohne Nichtschwimmerbereich teilweise steil abfällt und es an dem kleinen See keine Badeaufsicht gibt. In die Badetasche gehört auf jeden Fall ausreichend Proviant, denn am See kann man nicht einkehren und es ist kein Imbiss vorhanden. Auch Grillstellen gibt es keine und der eigene Grill darf nicht mitgebracht werden. An Spielzeug für die Kinder sollte man bereits im Voraus denken, da kein Kinderspielplatz angelegt wurde. WCs und Umkleiden sind am Suckowsee nicht vorhanden. Hunde müssen leider zuhause bleiben. Vor oder nach dem Ausflug an den See kann man sich in der Heimatstube Klaushagen mit ihren nostalgischen Möbeln und Wohnaccessoires in die „gute alte Zeit" entführen lassen. Alternativ kann man sich auf dem Kunsthandwerkerhof in Thomsdorf in der Holz- und Keramikwerkstatt und der Kerzenmanufaktur in das traditionelle Kunsthandwerk einführen lassen. In der Töpferei können Besucher sogar selbst ihre Ideen umsetzen.

15 Lübbesee / Templin

Der Lübbesee in der Uckermark lockt mit seinem großen Badestrand und der Möglichkeit, verschiedene Bootstypen ausleihen zu können.

- Natursee: 300 ha
- Tiefe: bis 13 m
- Kein Strandbad

i Touristik Lübbesee, 17268 Templin, Tel: 03987/409550

Anfahrt - A 11 Berlin - Polen, Ausfahrt Pfingstberg, über Milmersberg nach Templin. - Mit der Bahn von Berlin-Lichtenberg bis Templin-Stadt, weiter mit dem Bus zum Lübbesee.
Parken - Kostenlose, unbewachte P sind vorhanden.
Badeplätze - Kein abgegrenzter Badebereich, aber großer, unbewachter Badestrand. Der Zugang zum Strand ist auch für Rollstuhlfahrer möglich. Keine ausgewiesene FKK-Zone. WCs, auch behindertengerecht, vorhanden. Sonnenschirme, Liegen und Liegestühle können geliehen werden.
Sport & Spaß - Baden, Angeln, Bootsverleih, Fußball und Volleyball zeitweise am Strand möglich. Verleih von Federball-Sets und Frisbee-Scheiben.
Kinder - Kein abgeteilter Nichtschwimmerbereich, flaches Ufer, Kinderspielplatz.
Essen & Trinken - Kiosk und Seeterrasse mit Gastronomie am Bootsverleih.
Besonderheiten - Hunde sind nur außerhalb des Badestrandes erlaubt. Grillen ist verboten.
Sehenswertes in der Umgebung - Historischer Stadtkern Templin mit komplett erhaltener Stadtmauer, NaturTherme Templin mit Bade- und Saunalandschaft, Wellness- und Kinderbereich, Eldorado Westernstadt, Cart-Bahn Templiner Ring.
Weitere Badeseen in der Umgebung - Fährsee.

Der Lübbesee ist das ideale Ausflugsziel für Bootsliebhaber. Es gibt einen Bootsverleih für Tretboote, Elektroboote (führerscheinfrei), Ruderboote, Kajaks und Canadier. Auch bei Anglern ist der Natursee wegen seines reichen Fischbestandes sehr beliebt. Nach getaner Arbeit kann man sich zur Entspannung auf der Sonnenterrasse niederlassen und kulinarischen Genüssen hingeben. Der große, gepflegte Badestrand ist ca. 400 m breit, so dass sich der Andrang auch am Wochenende gut verteilt. Für ein bequemes Sonnenbad werden Liegen, Liegestühle und Sonnenschirme verliehen. Der Uferbereich ist bewachsen mit Schilf, einzelnen Bäumen und Wald. Durch die Flachwasserzone ist auch für Kinder und Nichtschwimmer ein sicheres Badevergnügen möglich. Kleine Badegäste können sich auf dem Kinderspielplatz nach Herzenslust austoben. Hundebesitzer sollten beachten, dass sich Hunde nur außerhalb des Badestrandes aufhalten dürfen. Den Ausflug zum Lübbesee sollte man unbedingt mit einer Besichtigung der historischen Altstadt Templins verbinden, die von der vollständig erhaltenen Stadtmauer aus dem 14. Jh. umschlossen wird. Am Marktplatz, der von einer Lindenallee gesäumt wird, steht das schöne Barockrathaus.

Der von Wald und Wiesen umschlossene Röddelinsee kann auch auf dem Wasserweg über die Havel erreicht werden.

- Natursee: 182 ha
- Tiefe: bis 30 m
- Kein Strandbad

i Stadtverwaltung Templin,
17268 Templin,
Tel: 03987/20300

Anfahrt - A 11 Dreieck Schwanebeck - Kreuz Uckermark, Ausfahrt Pfingstberg, Richtung Templin, in den Ortsteil Röddelin.
Parken - Keine P in unmittelbarer Nähe des Sees.
Badeplätze - Kein Zugang für Rollstuhlfahrer, FKK ist verboten.
Sport & Spaß - Baden, Angeln, Segeln, Motorboote.
Kinder - Kein abgeteilter Nichtschwimmerbereich, steil abfallendes Ufer, kein Spielplatz.
Essen & Trinken - Einkehrmöglichkeiten in den Orten Röddelin und Hindenburg.
Besonderheiten - Grillen und das Mitbringen von Hunden ist verboten. Der Schilfgürtel am Ufer ist aus Naturschutzgründen gesperrt.
Sehenswertes in der Umgebung - Stadt Templin, Westernstadt „Eldorado", Glashütte Annenwalde.
Weitere Badeseen in der Umgebung - Lübbesee, Gleuensee, Großer Vätersee.

Am Röddelinsee gibt es keinen abgegrenzten Badebereich und kein Strandbad, der Schilfgürtel im Uferbereich ist aber aus Naturschutzgründen für Badende gesperrt. Den See erreicht man direkt über die Liegewiese. Am Wochenende und auch unter der Woche ist der Besucherstrom am See nur mäßig. Wer also einen ruhigen Tag am Badesee verbringen möchte, ist hier genau richtig! Kinder sollte man immer beaufsichtigen, da es keinen abgegrenzten Nichtschwimmerbereich gibt. Auch beschäftigen muss man die Kleinen selbst, denn einen Spielplatz gibt es nicht. Wer Hunger bekommt, kann die beiden nächstliegenden Ortschaften Röddelin und Hindenburg aufsuchen. Dort stehen verschiedene Einkehrmöglichkeiten zur Auswahl.

17 Gleuensee / Templin

Der uckermärkische Gleuensee liegt in einem Naturpark und empfiehlt sich besonders für Besucher, die einen ruhigen, erholsamen Tag am Badesee wünschen.

- Natursee: 35 ha
- Tiefe: bis 7 m
- Kein Strandbad

i Stadtverwaltung Templin, 17268 Templin, Tel: 03987/20300

Anfahrt - A 11 Dreieck Schwanebeck - Kreuz Uckermark, Ausfahrt Pfingstberg, nach Templin, weiter Richtung Klosterwalde.
Parken - Keine P in unmittelbarer Nähe des Sees.
Badeplätze - Kein abgegrenzter Badebereich. Keine Sanitäranlagen. Zugang für Rollstuhlfahrer ist möglich. FKK ist verboten.
Sport & Spaß - Baden, Angeln.
Kinder - Kein abgeteilter Nichtschwimmerbereich, steil abfallendes Ufer. Kein Spielplatz.
Essen & Trinken - Kiosk mit Imbiss im Ortsteil Klosterwalde auf dem Zeltplatz.
Besonderheiten - Grillen und das Mitbringen von Hunden ist verboten. Der Schilfgürtel am Ufer und die Seerosenfelder sind aus Naturschutzgründen gesperrt.
Sehenswertes in der Umgebung - Stadt Templin, Wildgehege Klosterwalde, Schloss Boitzenburg.
Weitere Badeseen in der Umgebung - Röddelinsee, Lübbesee, Großer Vätersee.

Der Gleuensee liegt als ein Landschaftsschutzgebiet inmitten eines Naturparks. Der See ist genau das Richtige für Besucher, die es gerne ruhig mögen. Es gibt keine Sportanlagen am Ufer und auch auf dem Wasser wird kein Sport betrieben. Besucher mit Kindern sollten an ausreichend Spielsachen denken, denn es gibt am Gleuensee keinen Spielplatz. Nichtschwimmer müssen ganz besonders vorsichtig sein, da kein abgetrennter Bereich ausgewiesen wurde und das Ufer meist steil abfällt. Der Andrang an der Badeselle ist wohl auch deshalb gering. Am Ufer ist es aufgrund des dichten Baumbestandes rund um den See vorwiegend schattig. Auch Rollstuhlfahrer können die Badestelle am Gleuensee erreichen, da der Zugang über flaches Gelände führt. Wer Hunger bekommt und nicht schon zu Hause vorgesorgt hat, kann einen kleinen Spaziergang auf den Zeltplatz im Ortsteil Klosterwalde unternehmen. Dort kann man sich mit einem kleinen Imbiss am Kiosk stärken. FKK-Anhänger sollten nicht an den Gleuensee kommen, denn hier ist das Nacktbaden und -sonnen verboten. Nach dem Besuch am Badesee empfiehlt sich ein Besuch in der Stadt Templin, die nur wenige Kilometer entfernt liegt. Der staatlich anerkannte Erholungsort bietet allerlei Sehenswertes, z. B. eine gut erhaltene Stadtmauer mit Toren und Türmen und ein schmuckes Barockrathaus. Wer mit Kindern unterwegs ist, kann dem Wildgehege in Klosterwalde einen Besuch abstatten. Kulturell Interessierten empfiehlt sich ein Besuch im Schloss Boitzenburg, eines der größten Schlösser der Region.

Der Große Vätersee liegt in Groß Väter, einem Ortsteil von Groß Dölln im Landkreis Uckermark.

- Natursee: 12 ha
- Tiefe: keine Angaben
- Kein Strandbad

i Stadtverwaltung Templin, 17268 Templin, Tel: 03987/20300

Anfahrt - A 11 Dreieck Schwanebeck - Kreuz Uckermark, Ausfahrt Pfingstberg, nach Milmersdorf, über die L 100 nach Klein Dölln, weiter nach Groß Dölln in den OT Groß Väter.
Parken - Keine P in unmittelbarer Nähe des Sees.
Badeplätze - Kein rollstuhlgerechter Seezugang, FKK ist verboten.
Sport & Spaß - Baden
Kinder - Kein abgeteilter Nichtschwimmerbereich, steil abfallendes Ufer, kein Spielplatz.
Essen & Trinken - Einkehrmöglichkeit in der Nähe.
Besonderheiten - Grillen ist nicht gestattet, das Mitbringen von Hunden ist verboten. Der Schilfgürtel am Ufer ist aus Naturschutzgründen gesperrt.
Sehenswertes in der Umgebung - Driving-Center, Stadt Templin, umliegender Wald, Fürstenberg/Havel mit Burg und Schloss.
Weitere Badeseen in der Umgebung - Gleuensee, Lübbesee, Röddelinsee.

Am Großen Vätersee liegen mehrere Badestellen. Alle sind kostenlos zugänglich. Lediglich der Schilfgürtel am See ist aus Naturschutzgründen gesperrt. Wassersport wird auf dem See nicht betrieben. Wer also mal wieder ausgiebig und ungestört schwimmen gehen möchte, sollte an den Großen Vätersee kommen. Das Ufer bietet vorwiegend schattige Plätze unter Bäumen. Ein angrenzender Wald kann bei einem Spaziergang erkundet werden. Der Große Vätersee ist nur in geringem Ausmaß besucht und bietet sich deshalb besonders für Badegäste an, die nicht den großen Trubel suchen.

19 Roofensee / Stechlin - OT Menz

Menz liegt im Naturpark „Stechlin-Ruppiner-Land" zwischen Fürstenberg/Havel und Rheinsberg.

- Natursee: 60 ha
- Tiefe: bis 20 m
- Kein Strandbad

i Verkehrsverein Stechlin,
16775 Stechlin,
Tel: 033082/70202

Anfahrt - A 24 Dreieck Havelland - Wittstock/Dosse, Ausfahrt Neuruppin, B 167 nach Löwenberg, auf B 96 nach Gransee, weiter nach Menz. - OVG-Linie 839 von Fürstenberg/Havel nach Menz.
Parken - Ca. 60 kostenlose, unbewachte P, keine Fahrradabstellplätze.
Badeplätze - Kein abgegrenzter Badebereich, Zugang für Rollstuhlfahrer nicht möglich, FKK erlaubt.
Sport & Spaß - Baden, Angeln.
Kinder - Kein abgeteilter Nichtschwimmerbereich, flach abfallendes Ufer, kein Spielplatz.
Besonderheiten - Hunde dürfen mitgebracht werden, Grillen verboten.
Sehenswertes in der Umgebung - NaturParkHaus, Heimatstube Menz.
Weitere Badeseen in der Umgebung - Großer Stechlinsee.

Der Roofensee ist ein sehr ruhiger See. Boote sucht man hier vergeblich. Als einziger Wassersport wird das Angeln betrieben. Die Badestelle ist über die Liegewiese zugänglich. Rollstuhlfahrer sollten diesen See besser meiden, da es kein problemloses Herankommen an die Badestelle gibt. Der See liegt eingebettet in Wälder und Wiesen. Direkt am See gibt es teilweise auch Schilf. Wer nach dem Schwimmen Hunger bekommt, sollte von zuhause etwas mitbringen, denn direkt am See gibt es keine Möglichkeit etwas zu erwerben. Das wäre die Gelegenheit für ein gemütliches Picknick am See!

Das Gebiet um den Großen Stechlinsee steht bereits seit 1938 unter Naturschutz.

- Natursee: 425 ha
- Tiefe: bis 69,5 m
- Kein Strandbad

i Verkehrsverein Stechlin e. V., 16775 Neuglobsow, Tel: 033082/70202

Anfahrt - A 24 Dreieck Havelland - Wittstock/Dosse, Ausfahrt Neuruppin, B 167 nach Löwenberg, dann B 96 Richtung Fürstenberg/Havel, nach Neuglobsow. - Bus: OVG-Linie 839 von Fürstenberg/Havel oder Linie 836 von Grausee.
Parken - Teilweise bewachte, kostenpflichtige P, keine Fahrradabstellplätze.
Badeplätze - Kein Strandbad, der Zugang ist auch für Rollstuhlfahrer möglich, FKK ist erlaubt.
Sport & Spaß - Baden, Angeln, Segeln, Volleyball, Bootsverleih.
Kinder - Kein abgeteilter Nichtschwimmerbereich, flach abfallendes Ufer, Spielplatz.
Essen & Trinken - Kiosk mit Imbiss.
Besonderheiten - Hunde sind erlaubt, Grillen ist verboten.
Sehenswertes in der Umgebung - Märkisches Glasmuseum, geführte Wanderungen sind möglich.
Weitere Badeseen in der Umgebung - Röblinsee, Wittwesee.

Der Große Stechlinsee ist mit 69,5 m der tiefste See Ostdeutschlands und auch durch sein klares Wasser ein Eldorado für Taucher. Es gibt kein Strandbad und keinen abgegrenzten Badebereich. Man kann sich also selbst ein schönes Plätzchen suchen, an dem es einem gefällt. Der Uferbereich ist komplett zugänglich und nicht etwa aus Naturschutzgründen teilweise gesperrt. Toiletten, auch behindertengerecht, und Umkleidekabinen sind an der Badestelle vorhanden, ebenso ein Kiosk für den kleinen Hunger. Wer gerne Sport treibt, die nötigen Geräte aber zu Hause vergessen hat, kann sie am See ausleihen. Auch einen Bootsverleih gibt es. Hunde dürfen an den See mitgebracht werden. Der Stechlinsee verdankt seine Berühmtheit auch dem Dichter Theodor Fontane. Dieser widmete seinen Roman „Der Stechlin" dem großen See. Somit wäre die passende Lektüre für einen gemütlichen Tag am Badesee schon gefunden!

21 Großer Zechliner See

Der Große Zechliner See liegt zwischen dem Flecken Zechlin und Kagar, in der Nähe von Rheinsberg.

- Natursee: 196 ha
- Tiefe: bis 36 m
- Strandbad und Naturbadestellen

i Tourist-Information Rheinsberg, 16831 Rheinsberg, Tel: 033931/2059

Anfahrt - A 24 Dreieck Havelland - Wittstock/Dosse, Ausfahrt Neuruppin, über B 167 nach Rheinsberg, dann Richtung Wittstock, über Kagar, Richtung Hotel „Gutenmorgen" und Beckersmühle. - Mit dem Bus von Rheinsberg nach Kagar.

Parken - Ca. 5 kostenlose, unbewachte P, Fahrradabstellplätze.

Badeplätze - Strandbad und Naturbadestellen, Zugang für Rollstuhlfahrer nicht möglich, FKK verboten.

Sport & Spaß - Baden, Angeln, Segeln, Surfen, Motorboote, Ruder- und Paddelboote.

Kinder - Kein abgeteilter Nichtschwimmerbereich, flach abfallendes Ufer, kleiner Spielplatz.

Essen & Trinken - Keine Einkehrmöglichkeit, kein Imbiss.

Besonderheiten - Hunde dürfen nur vor und nach den Hauptbadezeiten mitgebracht werden, das Grillen ist verboten.

Sehenswertes in der Umgebung - Dorf Zechlin, Flecken Zechlin, Kagar, Schloss Rheinsberg, Alfred-Wegener-Gedenkstätte.

Weitere Badeseen in der Umgebung - Grienericksee, Großer Prebelowsee.

Am Großen Zechliner See gibt es sowohl Strandbäder als auch Naturbadestellen. Der Zugang zum See erfolgt über die Liegewiese. Es gibt keine abgeteilte Nichtschwimmerzone, deshalb sollten Eltern ihre Kinder immer gut im Blick behalten. Außerhalb des Wassers gibt es nur einen kleinen Spielplatz, weshalb Kinder am besten Spielzeug von zuhause mitbringen sollten, damit auch bestimmt keine Langeweile aufkommt. An den Naturbadestellen gibt es keine sanitären Anlagen. Auch für den Fall des einsetzenden Hungers sollte man bereits vor der Fahrt an den Großen Zechliner See planen. Dort gibt es nämlich keine Einkehrmöglichkeit und keinen Imbiss. Das Grillen ist wegen der nahen Lage zum Wald verboten. FKK-Anhänger müssen einen anderen See aufsuchen - hier ist Schwimmen und Sonnen ohne Bekleidung nicht gestattet. Der Uferbereich ist sehr vielseitig, denn sowohl Wald als auch freie Liegeflächen und Schilf sind vorhanden. Der Große Zechliner See ist über den Repenter Kanal mit dem Zootzensee verbunden. Das ebenfalls zur Rheinsberger Seenplatte gehörige Gewässer bedeckt eine Fläche von 167 ha. Nach dem Besuch am Badesee empfiehlt sich ein Abstecher nach Rheinsberg zur Schlossbesichtigung. Auch der zugehörige Schlosspark ist durchaus sehenswert. Ende des 18. Jh. wurde er in einen englischen Garten umgewandelt und um Grotten, Tempel und Ruinen erweitert. So lässt sich ein entspannter Tag am Badesee noch kulturell aufwerten!

Der Grienericksee grenzt direkt an die Stadt Rheinsberg im Landkreis Ostprignitz-Ruppin.

- Natursee: 96 ha
- Tiefe: bis 17 m
- Strandbad (Eintritt, ÖZ: Mai bis September)

i Tourist-Information Rheinsberg, 16831 Rheinsberg, Tel: 033931/2059

Anfahrt - A 24 Dreieck Havelland - Wittstock/Dosse, Ausfahrt Neuruppin, über B 167 nach Rheinsberg. - Busverbindung ab Neuruppin.
Parken - Ca. 35 kostenlose, unbewachte P, Fahrradabstellplätze.
Badeplätze - Überwachtes Strandbad mit Toiletten und Umkleidekabinen, Zugang für Rollstuhlfahrer nicht möglich. FKK verboten.
Sport & Spaß - Baden, Angeln, Segeln, Surfen, Motorboote, Volleyball, Tischtennis, Boots- und Sportgeräteverleih, Sportboothafen.
Kinder - Gekennzeichneter Nichtschwimmerbereich, flach abfallendes Ufer, Spielplatz.
Essen & Trinken - Einkehrmöglichkeiten, Imbiss.
Besonderheiten - Grillen ist verboten, Hunde dürfen nicht mitgebracht werden.
Sehenswertes in der Umgebung - Schloss Rheinsberg, historischer Stadtkern, Kammeroper, Musikakademie.
Weitere Badeseen in der Umgebung - Großer Zechliner See, Großer Prebelowsee.

Im Strandbad am Grienericksee findet der Besucher einen herrlichen Sandstrand vor. Kinder sollten deshalb unbedingt an Eimer und Schaufel denken, damit eine schöne Burg gebaut werden kann. Auf dem See ist viel Verkehr. Segler, Surfer und Motorbootfahrer tummeln sich im Wasser. Damit keinem Schwimmer etwas passiert, gibt es eine Badeaufsicht und einen abgeteilten Nichtschwimmerbereich. Doch auch am Ufer, zum Beispiel beim Tischtennis oder Volleyball, kann man sich sportlich betätigen. Wer die nötige Ausrüstung vergessen hat, kann sich im Strandbad etwas ausleihen. Der Andrang im Strandbad ist recht groß, was bei diesem vielseitigen Angebot und der zentrumsnahen Lage auch kein Wunder ist. Immer im Blick hat man das Schloss Rheinsberg, das direkt am Wasser liegt und auch einen Besuch wert ist. Neben den original mit ihren Raumdekorationen und zahlreichen Kunstwerken erhaltenen Prunkräumen kann man das Kurt-Tucholsky-Museum mit einer Dauerausstellung über den Schriftsteller sowie wechselnden Kunst- und Literaturausstellungen besichtigen. Durch die Nähe zur Stadt bieten sich viele kulinarische Möglichkeiten für das leibliche Wohl. Für den kleinen Hunger gibt es auch im Strandbad einen Kiosk, an dem man sich stärken kann. Das Grillen ist leider verboten. Da der Zugang zum Strandbad teilweise über Treppen erfolgen muss, ist er für Rollstuhlfahrer leider nicht möglich. Zusätzlich zum Strandbad gibt es am Grienericksee auch weitere Naturbadestellen, an denen das Mitbringen von Hunden erlaubt ist.

23 Großer Prebelowsee

Der Große Prebelowsee gehört zur Rheinsberger Seenkette und liegt nahe dem Ort Zechlinerhütte.

- Natursee: 26,9 ha
- Tiefe: bis 9 m
- Strandbad und Naturbadestellen

i Tourist-Information Rheinsberg, 16831 Rheinsberg, Tel: 033931/2059

Anfahrt - A 24 Dreieck Havelland - Wittstock/Dosse, Ausfahrt Neuruppin, über B 167 nach Rheinsberg, dann Richtung Wesenberg, der Hauptstr. folgen, durch Zechlinerhütte bis Prebelow, auf der linken Seite liegt der See. - Mit dem Bus von Rheinsberg, Richtung Kleinzerlang/Großzerlang, Haltestelle Prebelow.

Parken - Ca. 10 kostenlose, unbewachte P, Fahrradabstellplätze.

Badeplätze - Naturbadestellen und Strandbad. Der Zugang zum See ist für Rollstuhlfahrer nicht möglich. FKK ist verboten.

Sport & Spaß - Baden, Angeln, Segeln, Surfen, Motorboote, Ruder- und Paddelboote.

Kinder - Kein abgeteilter Nichtschwimmerbereich, kein Spielplatz.

Besonderheiten - Grillen ist verboten, Hunde dürfen nur ungern mitgebracht werden. Bestimmte Uferbereiche sind aus Naturschutzgründen gesperrt.

Sehenswertes in der Umgebung - Canow (Schleuse), Zechlinerhütte (Alfred-Wegener-Gedenkstätte).

Weitere Badeseen in der Umgebung - Grienericksee, Großer Zechliner See.

Der Große Prebelowsee ist ein idyllisch gelegener Natursee, an dem es keine Strandbäder gibt. Trotzdem kann man an Naturbadestellen schwimmen gehen oder es sich am Sandstrand bequem machen. Sanitäre Anlagen gibt es jedoch keine. Auch sollte man daran denken, die Verpflegung bereits mitzubringen. Am See gibt es keine Möglichkeit etwas zu kaufen und das Grillen ist aufgrund der nahen Lage am Wald verboten. Der Andrang am See ist dennoch sehr groß, da in der Nähe ein Ferienlager und eine Jugendherberge liegen. Wer den See genauer erkunden und dabei nicht nass werden möchte, kann sich beim ansässigen Bootsverleih ein Ruder- oder Paddelboot mieten. Rollstuhlfahrer können die Badestellen ohne fremde Hilfe leider nicht erreichen, da der Zugang über den Sandstrand erfolgt und sehr abschüssig ist. Hunde sind am See nicht gerne gesehen. Der Große Prebelowsee ist über den Hüttenkanal mit dem Oberlauf der Havel verbunden. Südlich besteht eine Verbindung zum Tietzowsee. Er ist 44 ha groß und gehört ebenfalls zur Rheinsberger Seenplatte. Wer nach dem Besuch am Badesee noch etwas Kultur gegenüber nicht abgeneigt ist, dem sei ein Besuch in der Alfred-Wegener-Gedenkstätte in Zechlinerhütte empfohlen. Wegener war ein bekannter Polarforscher, Meteorologe und Geophysiker. Berühmtheit erlangte er durch die Entdeckung des Zerbrechens der Urkontinente. Sein Elternhaus ist das ehemalige Direktorenhaus der Glashütte.

Die Stadt Lindow (Mark) zeichnet sich nicht nur durch ihre außergewöhnliche Lage zwischen drei Seen - Wutzsee, Gudelacksee und Strubensee - aus, sondern bietet auch einige Sehenswürdigkeiten wie die barocke Putzkirche und das frühklassizistische Rathaus. Bei einem Bummel durch Lindow werden dem Besucher auch die historischen Haustüren und Hofdurchfahrten auffallen. Das Kuriositäten-Museum „Schau mal rein" erzählt anhand von über 11000 Alltagsgegenständen aus drei Jahrhunderten die Stadtgeschichte auf unterhaltsame Weise. Am Ufer des Wutzsees erhebt sich die von Efeu umrankte Klosterruine.
Lindow (Mark) ist erreichbar über die A 24, Ausfahrt Neuruppin, von dort folgt man der B 167 über Neuruppin Richtung Lindow (Mark). Bahnverbindungen nach Lindow (Mark) bestehen ab Berlin über Löwenberg (Mark) und Herzberg (Mark).

i Touristinformation der Stadt Lindow (Mark), 16835 Lindow (Mark), Tel: 033933/70297

Gudelacksee

An dem ruhigen, 43,4 ha großen Natursee gibt es ein öffentliches, gebührenpflichtiges Strandbad, das täglich von 10-19 Uhr (in den Ferien bis 20 Uhr) geöffnet ist. Parkplätze sind ebenso vorhanden wie Fahrradständer. Auf den Liegewiesen gibt es schattige Plätze unter Bäumen, aber auch freie Flächen. Über den sanft abfallenden Uferbereich erreichen auch Rollstuhlfahrer das Wasser problemlos. WCs und Umkleidekabinen stehen zur Verfügung (nicht behindertengerecht). Kleine Gäste können sich auf dem Spielplatz austoben. Für das leibliche Wohl sorgt ein Imbiss, im Ort gibt es Einkehrmöglichkeiten. An den vorhandenen Grillstellen kann man ein Barbecue veranstalten. Neben dem Badebetrieb wird der Gudelacksee gerne von Seglern, Surfern und Motorbootkapitänen genutzt (Bootsverleih). Hunde sind am Gudelacksee willkommen. FKK ist gestattet. Unter besonderem Schutz steht die Insel Werder in der Mitte des Sees, die als Flächennaturdenkmal ausgewiesen ist.

Wutzsee

Direkt neben dem Gudelacksee findet man den ca. 105 ha großen Wutzsee. Auch hier kann man in der Nähe des Sees parken oder sein Rad abstellen. Obwohl es kein Strandbad gibt, muss man auf Sanitäranlagen (Duschen und Toiletten, ein Behinderten-WC) und Umkleiden nicht verzichten. Der Badebetrieb wird von der Wasserwacht beaufsichtigt. Für zusätzliche Sicherheit sorgt ein Nichtschwimmerbereich am flach abfallenden Ufer, das auch für Rollstuhlfahrer zugänglich ist. Vom Steg aus kann man die Segelboote und Surfer beobachten. Beim Bootsverleih kann man sich das passende Gefährt für eine Entdeckungstour über den See holen. Auch Angler versuchen am Wutzsee gerne ihr Glück. Kinder können sich mit Bällen und einer Drehscheibe im Spielbereich vergnügen. Hunde dürfen nur nach Absprache mitgebracht werden. FKK ist gestattet. Ein Kiosk hält Getränke und Snacks bereit.

25 Dranser See / Wittstock/Dosse

Der Dranser See ist besonders in den Sommermonaten ein Badeparadies für alle, die es gerne etwas ruhiger haben.

- Natursee: 145 ha
- Tiefe: bis 10 m
- Kein Strandbad

i Stadtverwaltung Wittstock/Dosse, 16909 Wittstock/Dosse, Tel: 03394/429192

Anfahrt - A 24 Dreieck Schwerin - Neuruppin, Ausfahrt Wittstock/ Dosse. Von Wittstock in Richtung Rheinsberg nach Schweinrich. - Mit dem Bus ab Wittstock/Dosse (nur Mo. bis Fr.).
Parken - Unbewachte P, Fahrradabstellplätze.
Badeplätze - Abgegrenzter Badebereich, bedingt für Rollstuhlfahrer zugänglich, FKK ist verboten.
Sport & Spaß - Baden, Angeln, Volleyball.
Kinder - Kein abgeteilter Nichtschwimmerbereich, flach abfallendes Ufer, Kinderspielplatz.
Essen & Trinken - Kiosk.
Besonderheiten - Grillen ist erlaubt, Hunde dürfen nicht mitgebracht werden, bestimmte Uferbereiche sind aus Gründen des Naturschutzes gesperrt.
Sehenswertes in der Umgebung - Museen, alte Bischofsburg, Stadtmauer und Kirchen in Wittstock, Schloss in Rheinsberg, Dampferfahrten.
Weitere Badeseen in der Umgebung - Obersee und Untersee bei Kyritz, Großer Stechlinsee Neuglobsow, Gudelacksee Lindow/ Mark.

Der Dranser See im Landkreis Ostprignitz-Ruppin wird eingerahmt von Wald und Wiesen. Obwohl der See groß ist, gibt es kein Strandbad. Dennoch kann man sich am abgegrenzten Badebereich, der kostenlos zugänglich ist, dem Wasservergnügen hingeben. Der Zugang zum Ufer erfolgt über die Liegewiese oder über einen Steg. Für Rollstuhlfahrer ist deshalb der Zugang nur eingeschränkt möglich. Sanitäre Anlagen gibt es am See keine. Ein Kiosk oder Grillstellen können bei aufkommendem Hunger aufgesucht werden. Alternativ kann man auch den eigenen Grill von zu Hause mitbringen. So können zum Beispiel selbst geangelte Fische aus dem Dranser See direkt an Ort und Stelle kulinarisch zubereitet werden. Eltern sollten ihre Kinder nicht aus den Augen lassen. Es gibt keinen Nichtschwimmerbereich und der See steht nicht unter Aufsicht. Ein Kinderspielplatz am Ufer bietet den Kindern jedoch eine sichere Beschäftigungsmöglichkeit. Der Uferbereich bietet für jeden Geschmack etwas. Schatten spendende Bäume gibt es ebenso wie sonnige Liegewiesen. Ansonsten ist der See von Wald und Schilf umschlossen. Hunde dürfen auch an der Leine nicht an den Dranser See mitgebracht werden. Aus Gründen des Naturschutzes sind bestimmte Uferbereiche gesperrt und Besuchern nicht zugänglich. Um brütende Vögel nicht zu stören, sollten diese Verbote unbedingt beachtet werden!

Das Strandbad in Kyritz am Untersee bietet den Besuchern einen Sandstrand, damit auch garantiert Urlaubsgefühle aufkommen.

- Natursee
- Tiefe: keine Angaben
- Strandbad (Eintritt, ÖZ: 12-18 Uhr, 15. Mai-15. September 10-20 Uhr)

i Fremdenverkehrsverein Ostprignitz e.V. für Kyritz und Umgebung, 16866 Kyritz, Tel: 033971/52331

Anfahrt - A 24 Dreieck Havelland - Wittstock/Dosse, Ausfahrt Herzsprung, weiter auf L 14 nach Kyritz.
Parken - Kostenpflichtige P, Fahrradabstellplätze.
Badeplätze - Überwachtes Strandbad mit Stegen, Sprungbrettern und Rutschen. Der Zugang zum See ist auch für Rollstuhlfahrer möglich, FKK erlaubt.
Sport & Spaß - Baden, Angeln, Segeln, Surfen, Tauchen, Volleyball, Tischtennis, Bootsverleih.
Kinder - Abgeteilter Nichtschwimmerbereich, flach abfallendes Ufer, Kinderspielplatz, Spielgeräte im Wasser.
Essen & Trinken - Einkehrmöglichkeiten, Kiosk mit Imbiss.
Besonderheiten - Hunde sind erlaubt, Grillen ist verboten. Fahrrad- und Sportgeräteverleih.
Sehenswertes in der Umgebung - Heimatmuseum Wusterhausen, Gestüt Neustadt (Dosse), Lügenmuseum in Gantikow, Mumie Ritter von Kalebuz in Kampehl.
Weitere Badeseen in der Umgebung - Obersee bei Kyritz, Klempowsee.

Das Strandbad in Kyritz verspricht jede Menge Badespaß! Von Stegen kann gesprungen werden und es gibt verschiedene Rutschen. Auf dem See wird Wassersport betrieben - Segler und Surfer fühlen sich am Untersee recht wohl. Doch auch Angler finden am Ufer ein ruhiges Plätzchen, um den erhofften Fang zu tätigen. Ein Bootsverleih ist auch vorhanden. Für sportbegeisterte Landratten steht ein Volleyballfeld und eine Tischtennisplatte zur Auswahl. Sanitäre Anlagen sind auch behindertengerecht vorhanden. Ein weiteres Strandbad findet man in Wusterhausen (Dosse) an der Südseite des Sees, in Bantikow und Stolpe gibt es Badestellen.

27 Rudower See / Lenzen (Elbe)

Der Rudower See liegt am Rande des Elb-Urstromtales und ist mit 180 ha der größte See im Landkreis Prignitz.

- Natursee: 180 ha
- Tiefe: bis 8 m
- Kein Strandbad

Touristeninformation
Lenzener Elbtalaue,
19309 Lenzen (Elbe),
Tel: 038792/7302

Anfahrt - A 24 Hamburg - Dreieck Wittstock/Dosse, Ausfahrt Ludwigslust, über Ludwigslust auf die B 191 nach Dömitz, dann auf die B 195 nach Lenzen. - Busverbindungen ab Wittenberge, Ludwigslust und Dömitz.
Parken - 100 kostenlose, unbewachte P. Fahrradabstellplätze.
Badeplätze - Abgegrenzter Badebereich mit Stegen, Zugang auch für Rollstuhlfahrer möglich, FKK ist nicht erlaubt.
Sport & Spaß - Baden, Segeln, Angeln, Surfen, Volleyball, Bootsverleih. Das Ausleihen von Sportgeräten ist möglich.
Kinder - Abgeteilter Nichtschwimmerbereich, flach abfallendes Ufer, Spielplatz.
Essen & Trinken - Einkehrmöglichkeiten, Kiosk mit Imbiss.
Besonderheiten - Grillen ist verboten, Hunde dürfen nur außerhalb der Badestelle Rekener Straße mitgebracht werden.
Sehenswertes in der Umgebung - Stadt Lenzen mit historischem Stadtkern, Burg Lenzen, Filzschauwerkstatt, St. Katharinen-Kirche.

Der Rudower See liegt eingebettet in einer hügeligen und bewaldeten Landschaft. Entstanden ist er durch Absenkungen der Oberfläche infolge Ausspülungen unterirdischer Salzstöcke. Die obigen Angaben beziehen sich auf die Badestelle an der Rekener Straße. Dort gibt es auch sanitäre Anlagen, die jedoch nicht behindertengerecht sind. Der Zugang zur Badestelle kann über die Liegewiese oder einen Steg erfolgen. Angler können mit etwas Glück Karpfen, Hechte und Aale aus dem Wasser ziehen. Am Seeende gibt es einen weiteren Badeplatz, die Hechtsfurthbadestelle.

Das Strandbad in Wittenberge liegt im nördlichen Brandenburg an der Grenze zu Niedersachsen.

- Baggersee: 12 ha
- Tiefe: bis 6 m
- Strandbad (Eintritt, ÖZ: Mai - September 10-20 Uhr)

i Strandbad Friedensteich, 19322 Wittenberge, Tel: 03877/902068

Anfahrt - A 24 Neuruppin - Dreieck Schwerin, Ausfahrt Pritzwalk, über Pritzwalk auf die B 189 nach Wittenberge. Der Hauptstr. folgen, nächste Kreuzung links in den Wald.
Parken - 50 kostenlose, unbewachte P, Fahrradabstellplätze.
Badeplätze - Überwachtes Strandbad, Zugang für Rollstuhlfahrer möglich, FKK verboten.
Sport & Spaß - Baden, Tischtennis, Fußball, Volleyball, Minigolf, Kegeln, Beachvolleyball, Hochseilgarten, Niedrigseilgarten, Kanu- und Fahrradverleih.
Kinder - Abgeteilter Nichtschwimmerbereich, flach abfallendes Ufer, Spielplatz, Spielgeräte im Wasser.
Essen & Trinken - Imbiss.
Besonderheiten - Grillstellen sind vorhanden, eigener Grill darf auch mitgebracht werden. Ausleihen von Sportgeräten ist möglich. Bestimmte Uferbereiche zeitweise gesperrt. Hunde sind nicht gestattet.
Sehenswertes in der Umgebung - Elbtalaue (Biosphärenreservat und Naturpark), Altstadt Wittenberge.
Weitere Badeseen in der Umgebung - Rudower See.

Der Friedensteich im Landkreis Prignitz ist zwar flächenmäßig ein kleiner See, das Strandbad jedoch lässt nichts vermissen. Vor allem Sportbegeisterte werden hier ihren Spaß haben. Ein vielfältiges Angebot für Groß und Klein lässt den Tag wie im Flug vergehen. Für Kinder gibt es sogar im Wasser Spielgeräte. Ein Krake und ein Krokodil wollen entdeckt werden. Wenn die Sonne zu sehr scheint, kann man sich auch einen Sonnenschirm ausleihen. Der Badebereich wird vom DRK überwacht, so dass auch sicher nichts passiert. Wer gerne länger bleiben möchte, kann sich in kleinen Blockhütten einmieten, alternativ das eigene Zelt mitbringen.

29 Kleßener See

Der Kleßener See liegt zwischen Rhinow und Friesack im Naturpark Westhavelland.

- Natursee: 51 ha
- Tiefe: bis 4,3 m
- Strandbad (Eintritt)

i Amt Rhinow, 14728 Rhinow, Tel: 033875/3660

Anfahrt - A 24 Wittstock/Dosse - Oranienburg, Ausfahrt Neuruppin, auf B 167 Richtung Neustadt/Dosse, in Bückwitz auf B 5 bis Friesack, dann auf L 17 Richtung Rhinow bis Kleßen.
Parken - 100 kostenpflichtige, bewachte P, Abstellplätze für Fahrräder und Motorräder.
Badeplätze - Strandbad, Zugang auch für Rollstuhlfahrer möglich, FKK verboten.
Sport & Spaß - Baden, Angeln, Volleyball, Tischtennis, Fußballtorwand.
Kinder - Abgeteilter Nichtschwimmerbereich, flach abfallendes Ufer, Spielplatz.
Essen & Trinken - Kiosk mit Imbiss.
Besonderheiten - Hunde dürfen gegen Gebühr und mit Leinenzwang mitgebracht werden.
Sehenswertes in der Umgebung - Wanderweg um den See, Naturlehrpfad „Kleßener Forst", Denkmal für Otto Lilienthal, Spielzeugmuseum im Kleßener Schloss, Heimathaus in Großderschau.
Weitere Badeseen in der Umgebung - Hohennauer See.

Badestelle in Kleßen
Das Strandbad am Kleßener See ist über die Liegewiese zugängig. Auch Rollstuhlfahrer können auf diesem Weg den See erreichen. Am Ufer gibt es Schatten spendende Bäume aber auch freie Liegeflächen. Boote sucht man auf dem See vergebens, er ist zu klein dafür. Kinder können sich

auf dem Spielplatz austoben oder ihre Schusstechnik an der Fußballtorwand trainieren. Im Wasser gibt es einen Nichtschwimmerbereich. Ein Campingplatz befindet sich in der Nähe des Sees. Besonders an der Fliegergeschichte Interessierte sollten einen Besuch am Kleßener See mit einem Abstecher zum Otto Lilienthal Museum in Stölln verbinden. Es ist untergebracht im Flugzeug „Lady Agnes", einer ausgemusterten Passagiermaschine einer ehemaligen DDR-Fluggesellschaft.

Badestelle in Schönholz

Ebenfalls am Kleßener See gibt es die Schönholzer Badestelle. Von Kleßen aus muss man der Ausschilderung nach Schönholz folgen und erreicht so das kleine Örtchen. Auch dort gibt es Parkmöglichkeiten, 20 P, die kostenlos zur Verfügung stehen. Fahrradabstellplätze gibt es allerdings keine. An dem Naturbadestrand kann man schwimmen und angeln. Der Zugang zum See ist hier ebenfalls über die Liegewiese und auch für Rollstuhlfahrer zu bewältigen. Für Kinder sollte man ausreichend Beschäftigungsmöglichkeiten mitbringen. Es gibt keinen Spielplatz und auch keinen abgegrenzten Nichtschwimmerbereich. Das Ufer ist aber auch hier flach abfallend. Für ausreichend Verpflegung sollte im Voraus gesorgt werden. An der Badestelle kann man nichts kaufen. Auch Sporteinrichtungen und sanitäre Anlagen gibt es nicht. Die Schönholzer Badestelle ist nicht überlaufen und sehr idyllisch gelegen.

30 Hohennauer See / Seeblick

Der idyllisch gelegene Hohennauer See im Naturpark Westhavelland bietet sowohl Tagesgästen als auch Campingurlaubern unbegrenztes Badevergnügen.

- Natursee: 362 ha
- Tiefe: bis 6,5 m
- Kein Strandbad

i Amt Rhinow, 14728 Rhinow,
Tel: 033875/3660

Anfahrt - A 24 Wittstock/Dosse - Neuruppin, Ausfahrt Neuruppin, B 167 Richtung Neustadt/Dosse, weiter auf der B 102 nach Hohennauen.

Parken - 20 kostenlose, unbewachte P, Fahrradabstellplätze.

Badeplätze - Abgegrenzter Badebereich mit Badeinseln, Zugang für Rollstuhlfahrer, FKK verboten.

Sport & Spaß - Angeln, Segeln, Motorboote, Volleyball, Bootsverleih im Ort.

Kinder - Kein abgeteilter Nichtschwimmerbereich, flach abfallendes Ufer, Spielplatz.

Essen & Trinken - Einkehrmöglichkeiten und Kiosk mit Imbiss.

Besonderheiten - Grillstellen sind vorhanden, eigener Grill darf auch mitgebracht werden. Hunde sind verboten. Campingplatz in unmittelbarer Nähe zur Badestelle.

Sehenswertes in der Umgebung - Optikmuseum und St.-Marien-Andreas-Kirche in Rathenow, Heimatmuseum in Großderschau, Spielzeugmuseum in Kleßen, Naturlehrpfad „Kleßener Forst", Dampferfahrten ab Rathenow.

Weitere Badeseen in der Umgebung - Kleßener See.

Badestelle Ortsteil Hohennaue

Am Hohennauer See gibt es zwar kein Strandbad, dafür aber einen abgegrenzten Badebereich. Der Zugang zum Bad erfolgt über die Liegewiese und ist auch für Rollstuhlfahrer möglich. Kinder, die noch nicht schwimmen können, sollten nur unter Aufsicht ins Wasser. Es gibt keinen abgegrenzten Nichtschwimmerbereich und keine offizielle Badeaufsicht. Am Ufer können sie aber auf dem Spielplatz ihrem Vergnügen nachgehen. Wer nach einem Tag noch nicht genug hat vom Badevergnügen am Hohennauer See, kann sich am Campingplatz direkt neben dem Badestrand für längere Zeit einen Platz reservieren.

Badestelle Ortsteil Wassersuppe

Im Ortsteil Wassersuppe der Gemeinde Seeblick gibt es ebenfalls eine Badestelle am Hohennauer See. Der Anfahrtsweg ist derselbe. Von Hohennauen aus muss man allerdings weiter bis nach Wassersuppe fahren. 20 kostenlose unbewachte P stehen dort zur Verfügung. Es gibt auch für Fahrräder Abstellplätze. In Wassersuppe gibt es keinen abgegrenzten Badebereich und somit auch keine Nichtschwimmerzone. Das Ufer fällt allerdings so flach ab, dass Kinder dort im Wasser planschen können. Zur Not gibt es immer noch den Spielplatz, auf dem die Kinder sich austoben können. Der Zugang zur Badestelle erfolgt über die Liegewiese und ist auch Rollstuhlfahrern möglich. Hunde dürfen nicht mitgebracht werden. Wen der Hunger packt, muss zum Imbiss oder Kiosk in den Ort. Ansonsten am besten Grillsachen mitbringen und auf den an der Badestelle vorhandenen Grill legen. Am Ufer kann beim Volleyball vergnügt gepritscht und gebaggert werden. Wer die Sichtperspektive wechseln und den Badestrand vom Wasser aus betrachten möchte, kann sich beim Bootsverleih ein Boot mieten und eine kleine Erkundungsfahrt auf dem See unternehmen. FKK-Anhänger sollten beachten, dass Baden und Sonnen ohne Bekleidung auch an dieser Badestelle nicht gestattet ist. Eine Toilette ist vorhanden.

i Amt Rhinow, 14728 Rhinow, Tel: 033875/3660

31 Jahnbad / Neuruppin

Das Jahnbad am Ruppiner See bietet für jeden Geschmack etwas. Viele Sportanlagen, Sprungbretter und Badeinseln machen den Aufenthalt zum Erlebnis.

- Natursee: 850 ha
- Tiefe: bis 27 m
- Strandbad (Eintritt, ÖZ: Mitte Mai bis Anfang September, Mo. bis Fr. 14-19 Uhr, Sa., So., an Feiertagen und während der Ferien 9-19 Uhr)

i Jahnbad, 16816 Neuruppin, Tel: 03391/2647

Anfahrt - A 24 Berlin - Hamburg, Ausfahrt Neuruppin, B 167 Richtung Alt-Ruppin. - Zug: Prignitz Express bis Rheinsberger Tor, dann Stadtlinie 771.
Parken - 80 kostenlose, unbewachte P, Fahrradabstellplätze.
Badeplätze - Überwachtes Strandbad mit Stegen, Sprungbrettern, Sonnenschirmverleih und Badeinseln. Kein rollstuhlgerechter Zugang zum See, keine behindertengerechten sanitären Anlagen, FKK ist verboten.
Sport & Spaß - Baden, Segeln, Angeln, Surfen, Motorboote, Wasserwandern, Fußball, Volleyball, Tischtennis.
Kinder - Abgeteilter Nichtschwimmerbereich, flacher Uferbereich, Kinderspielplatz, Spielgeräte im Wasser vorhanden.
Essen & Trinken - Imbiss.
Besonderheiten - Mitbringen des eigenen Grills ist nicht erlaubt, Hunde sind verboten.
Sehenswertes in der Umgebung - Heimtierpark Kunsterspring, historische Altstadt von Neuruppin.
Weitere Badeseen in der Umgebung - Molchowsee, Tietzensee, Zermützelsee, Tornowsee.

Im Jahnbad in Neuruppin kommt keine Langeweile auf. Wasserfreunde können endlos von den vorhandenen Sprungbrettern springen oder zu den Badeinseln schwimmen. Damit auch sicher nichts passiert, stehen die Gäste unter ständiger Beobachtung eines Schwimmmeisters. Der Zugang zum Strandbad kann über einen Steg auf dem Wasserweg zurückgelegt werden, auf dem Landweg über Leitern oder den Strand. Wer keine eigenen Sportgeräte mitbringt, kann sie auch vor Ort leihen. Dann steht dem Vergnügen auf dem Fußballplatz oder Volleyballfeld nichts mehr im Weg. Kinder finden einen Spielplatz vor und selbst im Wasser gibt es Spielgeräte. Und sollte die Sonne zu sehr scheinen, kann man sich im Jahnbad auch einen Sonnenschirm leihen oder zur Abkühlung von der Kaltwasserdusche Gebrauch machen. Alternativ stehen Bäume als Schattenspender am Ufer. Wer es lieber sonnig mag, sollte es sich auf der großen Liegewiese bequem machen. Grillstellen gibt es im Jahnbad keine, auch der eigene Grill muss zuhause bleiben. Für den kleinen Hunger zwischendurch bietet der Imbiss vor Ort aber Abhilfe. Wer seine Urlaubskasse schonen möchte und das Jahnbad häufiger besuchen will, für den bietet sich eine Ferien- oder Saisonkarte an. Weitere Badestellen am Ruppiner See findet man in Wustrau und Gnewikow.

Die Badestelle am Plauer See in Brandenburg an der Havel befindet sich in einem Ferienpark, der zahlreiche Möglichkeiten zur Beschäftigung bietet.

- Natursee: 300 ha
- Tiefe: bis 6 m
- Kein Strandbad

i Stadt Brandenburg an der Havel, 14770 Brandenburg an der Havel, Tel: 03381/583258

Anfahrt - A 2 Magdeburg - Dreieck Werder, Ausfahrt Brandenburg, in der Stadt Richtung Genthin, Plaue oder Kirchmöser (ausgeschildert). - Mit dem Zug bis zum Bahnhof Kirchmöser.
Parken - Kostenlose, unbewachte P, Fahrradabstellplätze.
Badeplätze - Kein abgegrenzter Badebereich, Zugang für Rollstuhlfahrer möglich.
Sport & Spaß - Baden, Angeln, Segeln, Motorboote, Bootsverleih.
Kinder - Kein abgeteilter Nichtschwimmerbereich, flach abfallendes Ufer, Spielplatz.
Essen & Trinken - Einkehrmöglichkeiten, Imbiss.
Besonderheiten - Hunde dürfen nicht mitgebracht werden. In der Wusterwitzer Straße in Kirchmöser gibt es eine extra Hundebadestelle. Bestimmte Uferbereiche sind zeitweise aus Naturschutzgründen gesperrt.
Sehenswertes in der Umgebung - Wasserturm in Kirchmöser, Freizeitcenter Margaretenhof, barockes Schloss in Plauen, frühgotische Kirche in Ketzür.
Weitere Badeseen in der Umgebung - Beetzsee, Breitlingsee.

Der Plauer See liegt im Westen der Stadt Brandenburg an der Havel im Stadtteil Plaue. Der beschriebene Badebereich befindet sich im „Camping- und Ferienpark am Plauer See". Dort ist für die Besucher sehr viel geboten. Ob Katamaran, Ruder- oder Tretboot, Kanu, Wasserski oder Wakeboard - alles kann hier ausgeliehen und probiert werden. Sogar eine Tour mit einem Luxus-Jetboat kann gebucht werden. Vom vielen Wassersport bekommt man Hunger, den man in den Einkehrmöglichkeiten oder bei einem Imbiss stillen kann. FKK-Anhänger kommen in der idyllischen Nacktbadebucht auf ihre Kosten. Hunde dürfen ihr Herrchen oder Frauchen nicht an die allgemeine Badestelle begleiten, für sie gibt es eine extra Hundebadestelle in der Wusterwitzer Straße in Kirchmöser. Der Plauer See liegt in einem Landschaftsschutzgebiet, weshalb einige Uferbereiche zeitweise gesperrt sind. Wer gerne länger am Plauer See Urlaub machen möchte, kann im Camping- und Ferienpark sein Zelt aufschlagen oder einen Bungalow mieten.

33 Breitlingsee / Brandenburg an der Havel

Der Breitlingsee ist der größte Havelsee und liegt direkt in der Stadt Brandenburg an der Havel.

- Natursee: 1540 ha
- Tiefe: bis 7 m
- Kein Strandbad

ℹ Stadt Brandenburg an der Havel, 14770 Brandenburg an der Havel, Tel: 03381/583258

Anfahrt - A 2 Magdeburg - Dreieck Werder, Ausfahrt Brandenburg, in der Stadt der Ausschilderung Richtung Ziesar/Malge folgen.
Parken - 800 kostenlose, unbewachte P, keine Fahrradabstellplätze.
Badeplätze - Abgegrenzter Badebereich, Zugang für Rollstuhlfahrer möglich, FKK erlaubt.
Sport & Spaß - Baden, Angeln, Segeln, Surfen, Motorboote, Bootsverleih.
Kinder - Kein abgeteilter Nichtschwimmerbereich, flach abfallendes Ufer, kein Spielplatz.
Essen & Trinken - Einkehrmöglichkeiten, Imbiss.
Besonderheiten - Das Grillen ist aufgrund der Nähe zum Wald verboten, Hunde dürfen nicht mitgebracht werden. Zeitweise sind bestimmte Uferbereiche aus Gründen des Naturschutzes gesperrt.
Sehenswertes in der Umgebung - Fahrradweg nach Kirchmöser, Wanderweg „Zum faulen See" und zur Silberquelle, Stadt Brandenburg mit Rathaus und Stadttürmen.
Weitere Badeseen in der Umgebung - Plauer See, Beetzsee.

Die Freibadestelle „Malge" am Südufer des Breitlingsees lockt nicht nur viele Einheimische, sondern auch Badefreunde aus der Ferne. Bis zu 200 Menschen genießen hier am Wochenende die Badeseeumgebung. Unter der Woche sind es jedoch deutlich weniger. An dem See ist einiges los. Segler, Surfer, Motorboote und Schwimmer sind im und auf dem See unterwegs. Wer kein eigenes Boot am Breitlingsee liegen hat, kann sich beim Bootsverleih am Ausflugsrestaurant „Malge" eines mieten. Der Uferbereich ist recht schattig. Freie Flächen gibt es keine. Der angrenzende Wald, freistehende Bäume in Ufernähe und Gebüsch können die Suche nach einem sonnigen Plätzchen etwas erschweren. Rollstuhlfahrern ist es möglich, die Freibadestelle „Malge" zu erreichen, jedoch gibt es keine Befestigung zum Uferbereich. Kinder sollten ihre Spielsachen von zuhause mitbringen. Am See gibt es keinen Spielplatz. Auch eine Nichtschwimmerzone sucht man vergebens. Deshalb sollten sich Nichtschwimmer immer nur am flachen Ufer aufhalten. Wer länger am Breitlingsee bleiben möchte, kann sein Zelt auf dem „Seecamp Malge" aufschlagen. Dort gibt es auch eine Freibadestelle.

Der Beetzsee ist ein Überbleibsel aus der Eiszeit und liegt im Naturpark Westhavelland.

- Natursee: 856 ha
- Tiefe: bis 8 m
- Freibadestelle (kein Eintritt, ÖZ: 6-22 Uhr)

i Stadt Brandenburg an der Havel, 14770 Brandenburg an der Havel, Tel: 03381/583258

Anfahrt - A 2 Magdeburg - Dreieck Werder, Ausfahrt Brandenburg, Ausschilderung Richtung Regattastrecke folgen.
Parken - Kostenlose, unbewachte P vorhanden, Fahrradstellplätze.
Badeplätze - Unbewachtes Strandbad, Zugang für Rollstuhlfahrer möglich.
Sport & Spaß - Baden, Angeln, Segeln, Surfen, Motorboote, Volleyball.
Kinder - Kein abgeteilter Nichtschwimmerbereich, flach abfallendes Ufer, kein Spielplatz.
Essen & Trinken - Einkehrmöglichkeiten, Imbiss.
Besonderheiten - Der eigene Grill darf mitgebracht werden, Hunde sind verboten. Bestimmte Uferbereiche sind aus Naturschutzgründen gesperrt.
Sehenswertes in der Umgebung - Nationale und internationale Bootsrennen auf der Regattastrecke, mit dem Ausflugsschiff über den See, Dom St. Peter und Paul, Stadtmuseum.
Weitere Badeseen in der Umgebung - Breitlingsee, Plauer See.

Am Beetzsee gibt es mehrere Freibadestellen. Die hier beschriebene „Massowburg" bietet den Besuchern einen feinen Sandstrand zum Liegen, Sandburgen bauen und Beachvolleyball spielen. Bäume und ausreichend freie Flächen am Ufer lassen jeden das Wunschplätzchen finden. Einzig einen Spielplatz werden Kinder hier vermissen. Eltern sollten deshalb nicht vergessen, genügend Spielzeug in die Badetasche zu packen. Auch den eigenen Grill darf man mitbringen. Er darf jedoch nur in dafür vorgesehenen Feuerstellen aufgebaut und genutzt werden. Von der Badestelle aus hat man einen guten Blick auf die Regattastrecke, auf der schon bedeutende Rennen gefahren wurden.

35 Strandbad Werder

Der Plessower See gehört zum Seenensemble rund um Werder, dessen Ursprung in der letzten Eiszeit liegt.

- Natursee: 322 ha
- Tiefe: bis 13,4 m
- Strandbad (Eintritt, ÖZ: 15.5.-15.9., 9-20 Uhr)

i Strandbad Werder, 14542 Werder (Havel)

Anfahrt - Von Potsdam über die B 1 bis zum Ortseingang von Glindow. - Regionalbahn bis Glindow, weiter mit Citybus B bis Haltestelle Margaretenstraße.
Parken - 200 kostenlose, unbewachte P, Fahrradabstellplätze.
Badeplätze - Überwachtes Strandbad mit Badeinseln, Rutschen und Wassertrampolin. Kein Zugang für Rollstuhlfahrer, FKK verboten.
Sport & Spaß - Baden, Angeln, Surfen, Volleyball, Badminton.
Kinder - Abgeteilter Nichtschwimmerbereich, flach abfallendes Ufer, Spielplatz, Wasserrutsche.
Essen & Trinken - Kiosk mit Imbiss.
Besonderheiten - Grillen und das Mitbringen von Hunden ist verboten.
Sehenswertes in der Umgebung - Historische Altstadt Werder, Sanssouci in Potsdam, Erzeugermarkt Glindow.
Weitere Badeseen in der Umgebung - Schwielowsee.

Das Strandbad in Werder an der Havel bietet den Gästen jede Menge Abwechslung - im Wasser und am Ufer. Besonders Kinder werden ihre Freude haben. Bis zu 800 Badegäste versammeln sich am Wochenende auf der 3000 qm großen Liegewiese im Strandbad. Das Ufer des Sees ist recht vielseitig. Wald, Gebüsch und freie Flächen stehen zur freien Platzwahl. Wem es in der Sonne zu heiß wird, der kann sich einen Sonnenschirm leihen. Auch Liegestühle, Volleybälle und eine Badmintonausrüstung kann man im Strandbad mieten. Wer sich gerne lange im Wasser aufhält, findet auch dort allerlei Beschäftigungsmöglichkeiten. So gibt es eine 36 qm große Badeinsel und ein Wassertrampolin, für Kinder zusätzlich noch eine Wasserrutsche. Angler können mit ein wenig Glück Zander, Aale, Hechte und Barsche aus dem See fischen. Leider kann man diese nicht an Ort und Stelle verspeisen, da es im Strandbad Werder keine Grillstellen gibt.

Zwischen Lehnin und Nahmitz gelegen, ist der Klostersee ist einer der saubersten Seen in Brandenburg.

- Natursee: 53 ha
- Tiefe: bis 3 m
- Strandbad (Eintritt, ÖZ: Mo-Sa 11-21 Uhr, So 11-20 Uhr)

i Gemeinde Kloster Lehnin, 14797 Kloster Lehnin, Tel: 03382/73070

Anfahrt - A 2 Magdeburg - Dreieck Potsdam, Ausfahrt Lehnin, 1. Kreuzung rechts abbiegen in die Straße am Klostersee bis zum Strandbad. - Busverbindungen ab Potsdam und Brandenburg/Havel.
Parken - 50 kostenlose, unbewachte P, Fahrradabstellplätze.
Badeplätze - Überwachtes, kostenpflichtiges Strandbad mit Stegen, Sprungbrettern und Rutschen. Zugang für Rollstuhlfahrer nicht möglich, FKK ist verboten.
Sport & Spaß - Baden, Angeln, Segeln, Motorboote, Volleyball, Tischtennis, Bootsverleih.
Kinder - Abgeteilter Nichtschwimmerbereich, flach abfallendes Ufer, Spielplatz.
Essen & Trinken - Kiosk.
Besonderheiten - Hunde sind verboten, Grillen ist verboten.
Sehenswertes in der Umgebung - Kloster Lehnin, Skulpturenpark.
Weitere Badeseen in der Umgebung - Netzener See, Colpiner See.

Der Klostersee bei Lehnin verdankt seinen Namen dem am Südende des Sees gelegenen Klosters. Es war von dem Brandenburger Markgrafen Otto I. im Jahre 1180 gestiftet worden. Das Strandbad am See liegt am Hang und kann über die Liegewiese erreicht werden. Für Rollstuhlfahrer ist der Zugang deshalb leider nicht möglich. Die vorhandenen sanitären Einrichtungen (Toiletten, Duschen, Umkleidekabinen) sind nicht behindertengerecht. Kinder werden sich im Strandbad sicher wohl fühlen. Stege, Sprungbretter und Rutschen sorgen für jede Menge Spaß im Wasser. Für das sichere Gefühl der Eltern sorgt eine Badeaufsicht, die das Geschehen im Wasser immer im Blick behält. Auch die Angelrute kann man zum Klostersee mitnehmen. Ein ruhiges Plätzchen lässt sich dort immer finden. Wer Hunger bekommt, kann sich am Kiosk ein Eis oder einen kleinen Snack besorgen. Grillen ist im Strandbad nicht erlaubt. Der See wird nahezu von komplett bewaldetem Ufer eingegrenzt. Deshalb finden vor allem die Schattenliebhaber am See einen vor der Sonne sicheren Platz. Wer zwischendurch eine Wanderung unternehmen möchte, findet am See ausgeschilderte Wanderwege. Einen Besuch lohnt auch der Skulpturenpark, der nur ca. 100 m vom Strandbad entfernt liegt. Mit wechselnden Ausstellungen begeistert er die Besucher. Durch den Fluss Emster wird der Klostersee mit dem nördlich gelegenen Netzener See verbunden. Am Westufer des Sees befindet sich ein Naturcampingplatz. Also am besten das Zelt und den Campingkocher gleich mit zu den Badesachen packen und den Aufenthalt am Klostersee verlängern!

37 Strandbad Caputh

Das Strandbad Caputh liegt am Schwielowsee, vier Kilometer vor den Toren der Stadt Potsdam.

- Natursee: 780 ha
- Tiefe: bis 4 m
- Strandbad (Eintritt, ÖZ: täglich ab 10 Uhr)

i Strandbad Caputh, 14548 Caputh, Tel: 033209/80851

Anfahrt - A 10 (Berliner Ring), Ausfahrt Michendorf, auf B 2 Richtung Potsdam nach Caputh.
Parken - 100 kostenlose, unbewachte P, Fahrradabstellplätze.
Badeplätze - Überwachtes Strandbad mit Stegen, Sonnenschirme inklusive. Der Zugang zum See ist auch für Rollstuhlfahrer möglich. FKK ist erlaubt.
Sport & Spaß - Baden, Segeln, Surfen, Volleyball, Bootsverleih.
Kinder - Abgeteilter Nichtschwimmerbereich, flach abfallendes Ufer, kein Spielplatz.
Essen & Trinken - Einkehrmöglichkeiten.
Besonderheiten - Es sind Grillstellen vorhanden, der eigene Grill darf nicht mitgebracht werden, Hunde sind erlaubt.
Sehenswertes in der Umgebung - Schloss Caputh, Einsteinhaus, Schloss Petzow.

Das Strandbad Caputh bietet den Besuchern nicht nur einen feinen Sandstrand als Sitzmöglichkeit, sondern verleiht auch Liegestühle. Ein Sonnenschirm ist im Eintrittspreis bereits inklusive. Vom Strand aus kann man die kreuzenden Segelschiffe und Surfer auf dem See beobachten, oder sich selbst ein Boot ausleihen und auf Erkundungsfahrt gehen. Der Zugang zum See erfolgt über die Liegewiese oder einen Steg. Kinder kann man im Nichtschwimmerbereich unter den Augen der Badeaufsicht plantschen lassen. Einen Kinderspielplatz gibt es nicht, deshalb sollten Eltern daran denken, für die Kinder eine Beschäftigungsmöglichkeit einzupacken. Sanitäre Anlagen sind im Strandbad vorhanden.

Unweit von Potsdam liegt der Siethener See bei Ludwigsfelde. Mit einer Sichttiefe von bis zu 40 cm verfügt er über recht klares Wasser.

- Natursee: 71 ha
- Tiefe: bis 4 m
- Kein Strandbad

Stadt Ludwigsfelde, 14974 Ludwigsfelde, Tel: 03378/8270

Anfahrt - A 10 Dreieck Potsdam - Königs Wusterhausen, Ausfahrt Ludwigsfelde West, Richtung Siethen und Trebbin. - Bahnhof in Ludwigsfelde.
Parken - 10 kostenlose, unbewachte P, Fahrradabstellplätze.
Badeplätze - Abgegrenzter Badebereich, Zugang für Rollstuhlfahrer nicht möglich, FKK verboten.
Sport & Spaß - Baden, Angeln, Segeln.
Kinder - Kein abgeteilter Nichtschwimmerbereich, flach abfallendes Ufer, kein Spielplatz.
Besonderheiten - Hunde dürfen mitgebracht werden.
Sehenswertes in der Umgebung - Stadtmuseum Ludwigsfelde, Naturpark Nuthe-Nieplitz.

Die Badestelle am Siethener See ist über die Liegewiese zu erreichen. Größtenteils ist der See aber von Wald umgeben. Unter der Woche wird man hier wenige Menschen antreffen. Kinder sollten am besten eigenes Spielzeug mitbringen. Da es keinen Spielplatz und auch keinen Nichtschwimmerbereich gibt und man deshalb das sorglose Planschen ohne Aufsicht besser unterbinden sollte, müssen alternative Beschäftigungen gesucht werden. Falls man länger bleiben möchte, sollte schon zuhause an die nötige Verpflegung gedacht werden. An der Badestelle gibt es keine Möglichkeit etwas zu kaufen. Also am besten die Picknickdecke und ausreichend Verpflegung einpacken! Sanitäre Anlagen sucht man am Siethener See ebenfalls vergebens. Wohlfühlen werden sich hier vor allem die Badefreunde, die einen ruhigen, entspannten Tag am See verbringen möchten. Für Rollstuhlfahrer ist der Zugang zur Badestelle leider nicht möglich. Die Nähe zu Potsdam macht es möglich, den Besuch am Badesee mit einem anschließenden Kulturprogramm zu ergänzen.

39 Gottower See / Nuthe-Urstromtal

Der Gottower See liegt in der großflächigen Gemeinde Nuthe-Urstromtal in dem Ortsteil Gottow.

- Stausee: 6,5 ha
- Tiefe: bis 4 m
- Kein Strandbad

Gemeinde Nuthe-Urstromtal, 14974 Nuthe-Urstromtal,
Tel: 03371/68622

Anfahrt - A 9 Dessau - Dreieck Potsdam, Ausfahrt Niemegk, auf B 102 nach Jüterbog, dann auf B 101 nach Luckenwalde-Urstromtal, Ortsteil Gottow.
Parken - 50 kostenlose, unbewachte P, Fahrradabstellplätze.
Badeplätze - Kein abgegrenzter Badebereich. Zugang für Rollstuhlfahrer nicht möglich, FKK verboten.
Sport & Spaß - Angeln, Volleyball.
Kinder - Kein abgeteilter Nichtschwimmerbereich, flach abfallendes Ufer, kein Spielplatz.
Essen & Trinken - Kiosk.
Besonderheiten - Keine Grillstellen, Benutzung eines eigenen Grills verboten. Hunde dürfen nicht mitgebracht werden. Bestimmte Uferbereiche sind aus Gründen des Naturschutzes gesperrt.
Sehenswertes in der Umgebung - Skaterstrecke um Luckenwalde, Museumsdorf Baruther Glashütte, Oskar-Barnack-Museum in Lynow.
Weitere Badeseen in der Umgebung - Mellensee, Großer Wünsdorfer See.

Am Gottower See gibt es kein Strandbad. Abgesehen von den Uferbereichen, die aus Naturschutzgründen nicht zugänglich sind, kann man sich selbst sein Plätzchen zum Niederlassen suchen. Der Seezugang ist für Rollstuhlfahrer aufgrund des unwegsamen Geländes leider nicht möglich. Das Gebiet um den See ist sehr natürlich gehalten, weshalb es keine große Auswahl an Sportstätten gibt. Lediglich Volleyball kann gespielt werden. Grillstellen gibt es nicht und der eigene Grill muss auch zu Hause bleiben. Dafür kann man sich aber am Kiosk vor Ort einen kleinen Snack besorgen. Wer nach dem Schwimmen noch die Umgebung erkunden möchte, dem sei der um den See herum führende Naturlehrpfad empfohlen, der Auskunft über die heimische Flora und Fauna gibt.

Mönche aus Dahme ließen im Mittelalter das Schweinitzer Fließ anstauen, um in der Fastenzeit genügend Karpfen zu haben. So entstand der Körbaer Teich.

- Stausee: 25 ha
- Tiefe: bis 2,5 m
- Kein Strandbad (Zugang zur Badestelle Mo.-So. 7-21 Uhr)

i Tourist-Information Dahme/Mark,
15936 Dahme/Mark,
Tel: 035451/91555

Anfahrt - A 9 Dessau - Dreieck Potsdam, Ausfahrt Coswig, B 187 über Wittenberg, Jessen, Holzdorf. Über Schönewalde Richtung Körba. - Ab Lutherstadt Wittenberg mit Regionalbahn und Bus nach Körba.
Parken - 150 kostenpflichtige P, Fahrradabstellplätze.
Badeplätze - Kein abgegrenzter Badebereich, Zugang für Rollstuhlfahrer möglich, FKK erlaubt.
Sport & Spaß - Baden, Angeln, Surfen, Fußball, Volleyball, Tischtennis.
Kinder - Kein abgeteilter Nichtschwimmerbereich, flach abfallendes Ufer, Spielplatz.
Essen & Trinken - Einkehrmöglichkeiten und Imbiss.
Besonderheiten - Hunde dürfen nur an der Leine mitgebracht werden. Grillstellen vorhanden, auch eigener Grill kann mitgebracht werden.
Sehenswertes in der Umgebung - Historische Altstadt Dahme, Mühlen in Kolpien und Lebusa.

Der Körbaer See ist ein malerisch gelegener See, der von Wäldern und Wiesen eingerahmt wird. Der Zugang zum See erfolgt über die Liegewiese und ist auch Rollstuhlfahrern möglich. Wer vom Baden genug hat, kann sich am Ufer beim Fuß- oder Volleyball austoben, alternativ ein Tischtennismatch austragen. Grillen ist am See erlaubt, es gibt sogar feste Grilleinrichtungen, die genutzt werden können. Sanitäre Einrichtungen (Toiletten, Duschen) sind vorhanden, allerdings ist nur ein WC behindertengerecht.

41 Kiebitzer See / Falkenberg/Elster

Seit 1922 wurde für das Falkenberger Kalksandsteinwerk Sand und Kies gefördert. 1977 wurde aus der Anlage ein Badeparadies.

- Baggersee: 70 ha
- Tiefe: bis 6,5 m
- Strandbad (Eintritt)

i Erholungsgebiet „Kiebitz", 04895 Falkenberg/Elster, Tel: 035365/2135

Anfahrt - A 9 Dessau - Dreieck Potsdam, Ausfahrt Coswig, B 187 nach Wittenberg, weiter auf B 182 nach Torgau, weiter nach Falkenberg/Elster.
Parken - Kostenpflichtige, unbewachte P, Fahrradabstellplätze.
Badeplätze - Teilweise überwachter, abgegrenzter Badebereich mit Stegen, Badeinseln und Rutschen. Der Zugang zum See ist auch für Rollstuhlfahrer möglich, FKK ist gestattet.
Sport & Spaß - Baden, Angeln, Surfen, Bootsverleih, Wassertreter, Volleyball, Tischtennis, Minigolf, Fahrradverleih, Irrgarten.
Kinder - Abgeteilter Nichtschwimmerbereich, flache Uferzone, Kinderspielplatz.
Essen & Trinken - Einkehrmöglichkeiten, Kiosk mit Imbiss.
Besonderheiten - Hunde haben Leinenpflicht und Badeverbot, das Grillen ist verboten. Tiergehege am See.
Sehenswertes in der Umgebung - Dendrologischer Lehrpfad, Eisenbahnmuseum, bronzezeitliches Dorf in Uebigau.

Der Kiebitzer See ist ein 110 Hektar großes Erholungsgebiet, das einen 1,35 km langen Strand mit bewachten und unbewachten Abschnitten mit einschließt. Es gibt einen abgegrenzten Bereich für Nichtschwimmer und für FKK-Anhänger - teilweise gelegen im kostenpflichtigen Strandbadbereich. Auch Angler werden sich hier sehr wohl fühlen. Ein eigenes großes Angelrevier verspricht die nötige Ruhe. Währenddessen werden Kinder von der großen Wasserrutsche begeistert sein. Eine Skateranlage, ein Irrgarten und eine Kegelbahn komplettieren das umfassende Familienvergnügen. Gute Schwimmer mit der nötigen Ausdauer können bis zur Badeinsel inmitten des Sees kraulen. Wer lieber trockenen Fußes den See erkundet, kann den Rundwanderweg am Ufer entlang spazieren. Alternativ kann man bei der Fahrradmietstation einen Drahtesel für Erkundungstouren in das weitläufige Umland leihen. Angrenzend liegt ein Natur- und Landschaftsschutzgebiet mit einem großen bronzezeitlichen Hügelgräberfeld. Es gibt also viel zu entdecken rund um den See. Auch einen Bootsverleih gibt es am Kiebitzer See. Dieser bietet auch Wassertreter an. Gastronomisch ist eine große Auswahl geboten: ein Biergarten, eine Snackbar, ein Eiscafé, ein Minimarkt und ein Kiosk stehen zur Wahl. Da sollte man doch das Richtige finden! Direkt am See gibt es eine große Bungalowsiedlung und eine Campinganlage. Wer also länger bleiben möchte, sollte sich seinen Schlafplatz rechtzeitig sichern.

Zeischa liegt im Südwesten Brandenburgs, im Elbe-Elster-Land. Dort findet man sehenswerte Auenlandschaften, große Waldgebiete, Moore, See und Teiche.

- Baggersee: 6 ha
- Tiefe: bis 12 m
- Strandbad (Eintritt, ÖZ: täglich 10-19 Uhr)

i Natur- und Campingfreunde Zeischa e.V., 04924 Zeischa, Tel: 03541/10398

Anfahrt - A 14 Leipzig - Döbeln, Ausfahrt Döbeln, über B 169 nach Bad Liebenwerda. Dort Richtung Elsterwerda, 3 km nach Ortsausgang Abzweig Prieschka rechts abbiegen, nach 400 m kommt der P des Waldbades.
Parken - 300 kostenpflichtige, bewachte P, Fahrradabstellplätze.
Badeplätze - Überwachtes Strandbad, Zugang für Rollstuhlfahrer nicht möglich, FKK erlaubt.
Sport & Spaß - Baden, Angeln, Beachvolleyball, Ruderbootverleih.
Kinder - Abgeteilter Nichtschwimmerbereich, teilweise flaches Ufer, kein Spielplatz.
Essen & Trinken - Einkehrmöglichkeiten und Imbiss.
Besonderheiten - Grillen ist verboten, Hunde sind nicht erlaubt.
Sehenswertes in der Umgebung - Fahrradtour durch das Elbe-Elster-Land.

Das Waldbad in Zeischa liegt etwas abseits des nächsten Ortes, inmitten des Waldes - also genau das Richtige für Naturliebhaber. Der Badebetrieb wird teilweise bewacht, sanitäre Anlagen sind vorhanden und für das leibliche Wohl ist auch gesorgt. Der Zugang zum See erfolgt über Treppen. Zwei Beachvolleyballfelder laden zur sportlichen Betätigung ein. Netze und Bälle können im Strandbad geliehen werden. Alternativ kann man sich auch mit Angeln beschäftigen. Am Wochenende kommen bei schönem Wetter bis zu 500 Gäste ins Waldbad, unter der Woche sind es deutlich weniger.

43 Grünewalder Lauch / Lauchhammer

Sportlich geht es zu am Grünewalder Lauch im Süden Brandenburgs. Ob Surfen, Segeln, Volleyball - hier wird es nicht langweilig!

- Baggersee: 113 ha
- Tiefe: bis 15 m
- Kein Strandbad

i Amt Plessa, 04928 Plessa, Tel: 03533/48060

Anfahrt - A13 Dresden - Dreieck Spreewald, Ausfahrt Ruhland, B 169 Richtung Elsterwerda, Ausfahrt Lauchhammer-West, Richtung Grünewalde und Staupitz auf der L 63, in Staupitz nach der Bushaltestelle links abbiegen und der Ausschilderung folgen.
Parken - Ca. 150 kostenlose, unbewachte P, Fahrradabstellplätze.
Badeplätze - Kein abgegrenzter Badebereich, Zugang für Rollstuhlfahrer über Feuerwehrzufahrt möglich, FKK erlaubt.
Sport & Spaß - Baden, Segeln, Surfen, Volleyball, Tischtennis, Bootsverleih.
Kinder - Kein abgeteilter Nichtschwimmerbereich, flach abfallendes Ufer, Spielplatz.
Essen & Trinken - Einkehrmöglichkeiten und Imbiss.
Besonderheiten - Grillen ist verboten, das Mitbringen von Hunden ist nicht erlaubt. Bestimmte Uferbereiche sind zeitweise aus Gründen des Naturschutzes gesperrt.
Sehenswertes in der Umgebung - Kraftwerk, Elstermühle und Straußenfarm Plessa, Kräutergarten Oppelhain.
Weitere Badeseen in der Umgebung - Senftenberger See, Badesee Zeischa.

Am Grünewalder Lauch in Plessa gibt es kein Strandbad, dafür jedoch eine gut besuchte Badestelle, die man auf direktem Weg über die Liegewiese erreicht. FKK-Anhänger werden sich hier sehr wohl fühlen. Es gibt einen extra Strandbereich, der nur ihnen vorbehalten ist. Das Ufer ist sehr unterschiedlich bewachsen. So wird jeder ein Plätzchen nach seinem Geschmack finden, ob auf der Liegewiese, unter Bäumen oder am Gebüsch. Sportler können auf dem Wasser segeln, surfen oder sich beim Bootsverleih ein Wassergefährt ausleihen. So kann man den See gleich viel besser erkunden! Wer lieber am Ufer Sport betreibt, dem stehen ein Volleyballfeld und Tischtennisplatten zur Verfügung. Nichtschwimmer sollten sich immer nur in der Uferzone aufhalten. Da es keine Badeaufsicht und keinen abgeteilten Nichtschwimmerbereich gibt, kann es schnell gefährlich werden, sich zu weit ins tiefere Wasser vorzuwagen. Wer Hunger verspürt, kann zwischen Einkehrmöglichkeiten und einem kleinen Imbiss wählen. Das Grillen ist nicht erlaubt. Sanitäre Anlagen sind an der Badestelle vorhanden, jedoch nicht behindertengerecht. Wer anschließend an den Badebesuch noch etwas mehr von Lauchhammer sehen möchte, dem sei ein Besuch des Mühlenhofmuseums empfohlen. Dort kann man die letzte von ehemals vier Mühlen im Dorf besichtigen und etwas über die Arbeitsbedingungen der bäuerlichen Bevölkerung erfahren.

Gelegen zwischen Berlin und Dresden, ist der Senftenberger See ein gutes Beispiel der Rekultivierung von Bergbaufolgelandschaften.

- Stausee: 1300 ha
- Tiefe: bis 29 m
- Kein Strandbad

i Erholungsgebiet Senftenberger See, 01968 Großkoschen/ Stadt Senftenberg, Tel: 03573/800300

Anfahrt - A 13 Dreieck Spreewald - Dresden, Ausfahrt Großräschen, über B 96 nach Senftenberg, dann Richtung Hoyerswerda zum Senftenberger See. - Bahn: ab Bhf. Senftenberg, dann Stadtlinie zum See.
Parken - 7 kostenpflichtige, unbewachte P.
Badeplätze - Abgegrenzter, überwachter Badebereich, Rollstuhlgerechter Seezugang, gesonderte FKK-Strände.
Sport & Spaß - Baden, Angeln, Segeln, Surfen, Tauchen, Volleyball, Tischtennis, Minigolf, Bootsverleih.
Kinder - Abgeteilter Nichtschwimmerbereich, flach abfallendes Ufer, Spielplatz.
Essen & Trinken - Einkehrmöglichkeiten und Imbiss.
Besonderheiten - Hunde dürfen nur an separate Hundestrände mitgebracht werden, Grillstellen sind vorhanden, der eigene Grill darf nicht mitgebracht werden.
Sehenswertes in der Umgebung - Lausitzer Seenland, Eurospeedway Lausitz, Besucherbergwerk F 60.
Weitere Badeseen in der Umgebung - Grünewalder Lauch.

Der Senftenberger See in der Lausitzer Seenlandschaft ist besonders bei Wassersportlern sehr beliebt. Auf dem großen See lässt es sich hervorragend surfen und segeln. Aber auch in der Tiefe beim Tauchen gibt es einiges zu sehen. Der Besucher kann wählen zwischen fünf verschiedenen Seestränden: in Großkoschen, Niemtsch, Senftenberg, Buchwalde und Peickwitz/Südsee liegen herrliche Sandstrände. Der Senftenberger See ist der Beginn einer Entwicklung, an deren Ende das viertgrößte Seengebiet in Deutschland entstanden sein wird. Ehemalige Bergbaukrater werden dann mit Wasser gefüllt sein. Schon heute kann man das Umland auf schönen Rad- und Wanderwegen erkunden.

45 Mahlower See / Blankenfelde-Mahlow

Seit 16 Jahren wird der Mahlower See gerne von Einheimischen und Gästen als Erholungsort genutzt.

- Baggersee: 2 ha
- Tiefe: bis 5 m
- Strandbad (Eintritt, ÖZ: täglich 8-21 Uhr)

i Gemeinde Blankenfelde-Mahlow, 15827 Blankenfelde, Tel: 03379-3330

Anfahrt - A 10, Dreieck Potsdam - Königs Wusterhausen, Ausfahrt Genshagen, über Blankenfelde nach Mahlow. Mit der Bahn: ab Berlin S+U Bahnhof Friedrichstr. mit S2 nach Blankenfelde.
Parken - 70 kostenlose, unbewachte P, Fahrradabstellplätze.
Badeplätze - Kein abgegrenzter Badebereich, am kompletten Ufer kann gebadet werden. Im Sommer Badeaufsicht, FKK verboten, kein Zugang für Rollstuhlfahrer.
Sport & Spaß - Baden, Volleyball, Tischtennis. Verleih von Volleybällen, Federball- und Tischtenniszubehör.
Kinder - Abgeteilter Nichtschwimmerbereich, teilweise flach abfallendes Ufer, Spielgeräte im Wasser.
Essen & Trinken - Einkehrmöglichkeiten, Kiosk mit Imbiss.
Besonderheiten - Grillstellen vorhanden, Hunde dürfen nur an der Leine mitgebracht werden und dürfen nicht in das Wasser. Zeitweise ist der Uferbereich aus Gründen des Naturschutzes gesperrt.
Sehenswertes in der Umgebung - Potsdam, Berlin, Teltow.

Der Mahlower See ist ein kleiner schöner See, der komplett eingezäunt ist. Durch die geringe Größe des Sees ist er für Boote und sonstigen Wassersport gesperrt. Trotzdem kommen am Wochenende bis zu 1500 Menschen, um sich am Mahlower See dem Badevergnügen hinzugeben. Toiletten (auch behindertengerecht) und Duschen sind im Strandbad vorhanden. Am Ufer stehen Schatten spendende Bäume. Es gibt aber auch freie Flächen und Liegewiesen. Teilweise ist der See von Schilf begrenzt. Kinder müssen am Mahlower See leider auf einen Spielplatz verzichten. Dafür gibt es im Wasser Spielgeräte. Eine Rolle und ein Floß wollen entdeckt werden. Zusätzlich gibt es Stege, von denen gesprungen werden kann. An Schaufel und Eimerchen sollte auf jeden Fall gedacht werden. Am Ufer gibt es frischen, weißen Sand, in dem man tolle, große Burgen bauen kann. Sollte vor lauter Aktivität der Magen beginnen zu knurren, kann man sich am Kiosk oder in einer Einkehrmöglichkeit stärken. Alternativ gibt es Grillstellen zur freien Benutzung.

Das Strandbad im Ortsteil Neue Mühle wird vom Deutschen Roten Kreuz betrieben.

- Natursee: 50 ha
- Tiefe: bis 8 m
- Strandbad (Eintritt, ÖZ täglich von 10-18 Uhr)

i DRK Kreisverband, Strandbad „Neue Mühle", 15711 Königs Wusterhausen, Tel: 03371/625730

Anfahrt - A 10 (Berliner Ring), Ausfahrt Königs Wusterhausen, Ortsteil Neue Mühle, Küchenmeisterallee 33. - Ab Berlin Ostbahnhof mit dem RE nach Königs Wusterhausen. Weiter mit dem Bus Nr. 721 oder 723 nach Neue Mühle.
Parken - P im Wohngebiet, Fahrradabstellplätze.
Badeplätze - Bewachtes Strandbad mit Rutschen und Liegestuhlverleih, Zugang auch für Rollstuhlfahrer, FKK verboten.
Sport & Spaß - Baden, Angeln, Segeln, Surfen, Motorboote, Wasserski, Rudern, Fußball, Volleyball, Bootsverleih, Tischtennis.
Kinder - Ca. 400 qm Nichtschwimmerbereich, flacher Uferbereich, Kinderspielplatz.
Essen & Trinken - Kiosk mit Imbiss.
Besonderheiten - Hunde sind nicht erlaubt, Grillen verboten.
Sehenswertes in der Umgebung - Schleuse Neue Mühle, Schloss Königs Wusterhausen.

Wer in seiner Freizeit gerne sportlich aktiv ist, sollte das Strandbad „Neue Mühle" in Königs Wusterhausen besuchen. Sowohl auf dem Wasser kann man mit einem eigenen oder geliehenen Boot auf Entdeckungstour gehen als auch an Land sich bei den verschiedensten Ballsportarten austoben. Bälle, eine Tischtennisausrüstung und Wasserski kann man ebenfalls leihen. Der Uferbereich lässt keine Wünsche offen. Gebüsch, Wald, Schilf und freie Liegewiesen findet man zum entspannten Niederlassen. Wer es gerne bequem mag, kann einen Liegestuhl leihen. Sanitäre Anlagen sind vorhanden, allerdings sind nur die Duschen behindertengerecht.

47 Motzener See

Das Strandbad Kallinchen am Motzener See bietet eine große Auswahl an attraktiven Sport- und Freizeitmöglichkeiten.

- Natursee: 230 ha
- Tiefe: bis 18 m
- Strandbad (Eintritt, ÖZ 15.05. bis 15.09.)

i Strandbad Kallinchen,
15806 Kallinchen,
Tel: 033769/51305

Anfahrt - A 13 Dreieck Spreewald - Berlin, Ausfahrt Mittenwalde, Richtung Zossen nach Kallinchen. - Per Bahn von Berlin: RE 2 bis Königs Wusterhausen oder RE 3 und RE 7 nach Zossen, weiter mit Bus 729 bis Kallinchen.

Parken - 200 kostenpflichtige, unbewachte P, Fahrradabstellplätze.

Badeplätze - Überwachtes Strandbad mit Stegen, Badeinseln, Rutschen. Zugang auch für Rollstuhlfahrer, FKK erlaubt.

Sport & Spaß - Baden, Angeln, Tauchen (Tauchschule), Rudern, Segeln, Surfen, Boots- und Fahrradverleih, Minigolf, Fußball, Beachvolleyball-Anlage, Tischtennis, Schach.

Kinder - Abgeteilter Nichtschwimmerbereich, flach abfallendes Ufer, Kinderspielplatz, Spielgeräte im Wasser.

Essen & Trinken - Einkehrmöglichkeiten, Kiosk mit Imbiss.

Besonderheiten - Grillstellen vorhanden, eigener Grill darf nicht mitgebracht werden, Hunde sind verboten.

Sehenswertes in der Umgebung - Bücher- und Bunkerpark Wünsdorf/Waldstadt, Stadt Zossen, Museumsdorf Glashütte, Wildpark Johannismühle, Draisinenbahn.

Weitere Badeseen in der Umgebung - Großer Wünsdorfer See, Mellensee, Teupitzer See.

Strandbad Kallinchen

Das Strandbad in Kallinchen ist genau das Richtige für einen Familienausflug, denn Kinder kommen dort voll auf ihre Kosten. Ein großes Angebot an Attraktionen im Wasser, wie z.B. Rutschen und Badeinseln und am Ufer ein großer Spielplatz lassen keine Langeweile aufkommen. Ein Boots- und Fahrradverleih machen es leicht, die Umgebung zu erkunden. Sanitäre Anlagen sind im Strandbad ausreichend vorhanden, alle auch behindertengerecht. Egal ob Schattenliebhaber oder Sonnenanbeter, jeder wird ein Plätzchen zum Wohlfühlen finden! Für Anhänger des Denksports steht ein großes Schachspielfeld zur Verfügung. Mehr an körperbetontem Sport Interessierte können die Beachvolleyball-Anlage nutzen. Wer Hunger bekommt, kann wählen zwischen der Nutzung vorhandener Grillstellen, einer Einkehrmöglichkeit oder dem Kiosk. Kein Wunder, dass bis zu 1000 Menschen ihr Wochenende im Strandbad Kallinchen verbringen!

Badestelle Motzen

Wem das Strandbad Kallinchen zu gut besucht ist, kann auf der gegenüberliegenden Seeseite in Motzen an einer freien Badestelle das Badevergnügen suchen. Auch hier sind die 150 vorhandenen Parkplätze kostenpflichtig, jedoch muss man an der Badestelle keine Eintrittsgebühren bezahlen. Erreicht werden kann der Seezugang in Motzen auch mit dem öffentlichen Busverkehr der Linien 726, 727, 728 oder 729. Unter der Woche sind hier nur ca. 150 Badegäste zu Besuch, am Wochenende wird es aber durchaus voller. Der Zugang zum See erfolgt über die Liegewiese und ist auch Rollstuhlfahrern möglich. FKK ist erlaubt. Es gibt keinen abgeteilten Nichtschwimmerbereich, jedoch fällt das Ufer flach ab. Auch in Motzen gibt es einen Spielplatz. Die Großen können am Ufer Fußball und Volleyball spielen. Ein Ruderbootverleih lädt zu Erkundungsfahrten ein. Für das leibliche Wohl sorgen ein Imbiss und Einkehrmöglichkeiten.

i Tourismusverband Dahme-Seen e.V., 15711 Königs Wusterhausen, Tel: 03375-25200

48 Großer Wünsdorfer See

Der Große Wünsdorfer See lockt mit einem feinsandigen Strand sowohl Kinder als auch Erwachsene.

- Natursee: 181,8 ha
- Tiefe: bis 10,6 m
- Strandbad (Eintritt, ÖZ: Mai bis September)

i Stadt Zossen, 15801 Zossen, Tel: 03377/30400

Anfahrt - A 13 Dreieck Spreewald - Berlin, Ausfahrt Mittenwalde, auf die B 96 über Zossen nach Wünsdorf. - Bus: von Potsdam Bus 618 oder 700 nach Wünsdorf. - Mit der Bahn: ab Berlin RE 3 und RE 7 bis Wünsdorf.
Parken - 50 kostenlose, unbewachte P, Fahrradabstellplätze.
Badeplätze - Unbewachtes Strandbad mit Stegen, Zugang auch für Rollstuhlfahrer, FKK erlaubt.
Sport & Spaß - Baden, Angeln, Segeln, Surfen, Rudern, Fußball, Volleyball, Tischtennis.
Kinder - Abgeteilter Nichtschwimmerbereich, flach abfallendes Ufer, Kinderspielplatz.
Essen & Trinken - Einkehrmöglichkeiten und Imbiss.
Besonderheiten - Es gibt Grillstellen, der eigene Grill darf nicht mitgebracht werden. Hunde sind verboten.
Sehenswertes in der Umgebung - s. Großer Zeschsee und Motzener See.
Weitere Badeseen in der Umgebung - Teupitzer See, Mellensee, Großer Zeschsee.

Der Große Wünsdorfer See liegt eingebettet in einer idyllischen Landschaft. Eine große Liegewiese lädt ein zum Relaxen, aber auch zu sportlichen Höchstleistungen. Wen es in das Wasser zieht, kann entweder über den feinen Sandstrand oder den Kiesbereich Zugang finden. Toiletten und Umkleidekabinen sind vorhanden, allerdings sind sie nicht behindertengerecht. Wer über das Wasser laufen möchte, kann die langen Stege hinausspazieren und sich dort auch für ein Sonnenbad niederlassen. Kinder werden sich im Strandbad bestimmt auch wohlfühlen. Spielen am Strand oder auf dem Spielplatz lässt Ferienstimmung aufkommen! Hobbyangler können den selbst gefangenen Fisch direkt auf den Grill legen und anschließend genüsslich verzehren.

Krummensee / Schenkendorf-Krummensee 49

Der Krummensee liegt ganz idyllisch und abgeschieden in einem von Wald umgebenen Gebiet.

- Natursee: 30,95 ha
- Tiefe: bis 15 m
- Kein Strandbad

i Tourismusverband Dahme-Seen e.V., 15711 Königs Wusterhausen, Tel: 03375/25200

Anfahrt - A 10 (Berliner Ring), Ausfahrt Königs Wusterhausen, nach Schenkendorf. Der See befindet sich im Ortsteil Krummensee.
Parken - Ca. 60 unbewachte, kostenlose P. Fahrradabstellplätze vorhanden.
Badeplätze - Abgegrenzter Badebereich, Zugang auch für Rollstuhlfahrer möglich, FKK erlaubt.
Sport & Spaß - Baden, Angeln.
Kinder - Kein abgeteilter Nichtschwimmerbereich, flach abfallendes Ufer, kein Spielplatz.
Essen & Trinken - Einkehrmöglichkeiten.
Besonderheiten - Mitbringen des eigenen Grills ist erlaubt, Hunde dürfen ebenfalls mitgebracht werden. Bestimmte Uferbereiche sind aus Naturschutzgründen gesperrt.
Sehenswertes in der Umgebung - Schloss Schenkendorf, mittelalterlicher Stadtkern der Paul-Gerhardt-Stadt Mittenwalde.
Weitere Badeseen in der Umgebung - Motzener See, Krimnicksee, Krossinsee.

Der Krummensee nahe Königs Wusterhausen ist vor allem für Besucher geeignet, die nur schwimmen oder angeln möchten. Wer sonstige sportliche Aktivitäten ausüben möchte, sollte an einen anderen Badesee in der Umgebung fahren. Der See liegt inmitten der Natur, umgeben von Bäumen und Gebüsch. Am Wochenende kommen bis zu 700 Gäste, um sich hier zu erholen. Kinder sollten immer im Blickfeld der Eltern baden. Es gibt keinen abgegrenzten Nichtschwimmerbereich und keine Badeaufsicht. Sanitäre Anlagen sind an der Badestelle nicht vorhanden.

50 Krummer See / Am Mellensee - Sperenberg

Der Krummer See liegt in einer landschaftlich reizvollen Umgebung nicht weit von Berlin entfernt.

- Natursee: 20 ha (aufgeteilt in 2 Teile)
- Tiefe: bis 10 m
- Strandbad

i Gemeinde Am Mellensee, 15838 Am Mellensee, Tel: 033703/95914

Anfahrt - A 10 Berlin - Königs Wusterhausen, Ausfahrt Rangsdorf, B 96 Richtung Zossen, weiter nach Wünsdorf. Richtung Klausdorf nach Am Mellensee-Sperenberg. Im Ortsteil Sperenberg Richtung Luckenwalde fahren.
Parken - Ca. 40 kostenlose, unbewachte P, Fahrradabstellplätze.
Badeplätze - Abgegrenzter, unbewachter Badebereich mit Stegen, Sprungbrettern, Badeinseln und Rutschen. Zugang ist auch Rollstuhlfahrern möglich.
Sport & Spaß - Baden, Angeln, (Beach-)Volleyball.
Kinder - Abgeteilter Nichtschwimmerbereich, flach abfallender Uferbereich, Kinderspielplatz, Rutsche im Wasser.
Essen & Trinken - Einkehrmöglichkeiten, Imbiss, Eisdiele.
Besonderheiten - Hunde sind nicht erlaubt, Grillen verboten.
Sehenswertes in der Umgebung - Kloster Alexanderdorf, Erlebnisbahn Zossen - Jüterbog (Bahnhof Mellensee und Zossen, Ausleihmöglichkeit verschiedener Draisinen), Heimatstube Sperenberg, Ausstellung am Bahnhof in Sperenberg, Saalower Scheunenwindmühle.
Weitere Badeseen in der Umgebung - Mellensee, Großer Wünsdorfer See.

Der Krummer See ist in zwei ca. 10 Hektar große Abschnitte unterteilt. Er ist somit ein relativ kleiner See, der nicht mit Motorbooten, sondern lediglich mit Schlauchbooten befahren werden kann. Am Wochenende herrscht im Strandbad ein großer Besucherandrang. Es gibt keine festgelegten Öffnungszeiten. Der Zugang erfolgt über die Liegewiese und ist somit auch für Rollstuhlfahrer möglich. Ein Beachvolleyballfeld am Ufer, Stege, Sprungbretter, Badeinseln und Rutschen im Wasser sind die Attraktionen, die für jede Menge Spaß sorgen. Der Uferbereich bietet jedem Besucher was er möchte. Es gibt sowohl Schatten spendende Bäume als auch freie Liegewiesen. Wer nicht den ganzen Tag am See zubringen möchte, kann die Umgebung gut zu Fuß oder per Fahrrad erkunden. Eine Wanderung durch die Gipsberge in Sperenberg oder ein Besuch im Dorf der Fischer in Mellensee sorgen für Abwechslung. Die Entfernung in die Hauptstadt Berlin beträgt nur etwa 30 Kilometer. Besonders viel Spaß verspricht die Fahrt mit einer Draisine, die man in Mellensee oder Zossen leihen kann.

Der Große Zeschsee liegt zwischen dem Großen Wünsdorfer See und dem Teupitzer See.

- Natursee: 41,3 ha
- Tiefe: bis 15,5 m
- Kein Strandbad

i Stadt Zossen, 15801 Zossen, Tel: 03377/30400

Anfahrt - A 13 Dreieck Spreewald - Berlin, Ausfahrt Mittenwalde, auf die B 96 über Zossen, Wünsdorf, Lindenbrück nach Zesch am See. - Per Bahn: Ab Berlin mit RE 3 und RE 7 nach Wünsdorf/Zossen.
Parken - 30 kostenlose, unbewachte P, Fahrradabstellplätze.
Badeplätze - Kein abgegrenzter Badebereich. Der Zugang zum See ist auch für Rollstuhlfahrer möglich, FKK ist erlaubt.
Sport & Spaß - Baden, Angeln, Surfen, Rudern, Bootsverleih.
Kinder - Kein abgeteilter Nichtschwimmerbereich, flache Uferzone, kein Spielplatz.
Essen & Trinken - Einkehrmöglichkeiten, Eisdiele und Kiosk in der Nähe.
Besonderheiten - Hunde sind nicht erlaubt, Grillen ist verboten.
Sehenswertes in der Umgebung - Wildpark Johannismühle, Draisinenbahn Mellensee und Töpchin.
Weitere Badeseen in der Umgebung - Mellensee, Großer Wünsdorfer See, Motzener See.

Am Großen Zeschsee ist verglichen mit den umliegenden Seen eher weniger los. Besucher, die nicht so großen Wert auf Attraktionen legen, dafür lieber einen ruhigen Tag am See verbringen möchten, sind hier genau richtig. Der Zugang zum See erfolgt über die Liegewiese. Über einen Sandstrand kommt man in das Wasser. Am Ufer stehen Bäume, aber auch freie Flächen, die der Sonne ungehindert Zugang verschaffen, sind vorhanden. Es gibt lediglich zwei mobile Toiletten, die nicht behindertengerecht sind. Auf übrige sanitäre Anlagen muss man verzichten. Beschäftigungsmöglichkeiten für Kinder sollte man besser von zuhause mitbringen. Es gibt keinen Spielplatz und auch im Wasser sollte man sie nicht aus den Augen verlieren, es gibt keine Nichtschwimmerzone.

52 Köthener See / Märkisch Buchholz

Der Köthener See liegt inmitten des Naturparks Dahme-Heideseen.

- Natursee: 3 ha
- Tiefe: bis 2 m
- Kein Strandbad

i Tourismusverband Dahme-Seen e.V., 15711 Königs Wusterhausen, Tel: 03375/25200

Anfahrt - A 13 Dreieck Spreewald - Berlin, Ausfahrt Teupitz, über Halbe nach Märkisch Buchholz. - Mit der Buslinie 725.
Parken - 20 kostenlose, unbewachte P in der Nähe des Sees, Fahrradabstellplätze.
Badeplätze - Abgegrenzter, unbewachter Badebereich, Zugang auch für Rollstuhlfahrer möglich, FKK verboten.
Sport & Spaß - Baden, Angeln, Ruderbootverleih.
Kinder - Kein Nichtschwimmerbereich, flach abfallende Uferzone, Spielplatz.
Essen & Trinken - Einkehrmöglichkeiten.
Besonderheiten - Der eigene Grill darf mitgebracht werden, Hunde sind erlaubt.
Sehenswertes in der Umgebung - Märchenseen, Aussichtsturm Wehlaberg, Kahnfahrten im Spreewald.
Weitere Badeseen in der Umgebung - Neuendorfer See.

Der Badebereich am Köthener See kann über die Liegewiese erreicht werden. Der feine Sandstrand lädt zum Ausruhen und Verweilen ein. Wer zwischendurch etwas Abwechslung braucht, kann eine idyllische Fahrt im Ruderboot über den See oder entlang dem bewaldeten Ufer machen. Kinder können sich nach Herzenslust auf dem Spielplatz austoben. Im Wasser sollte man sie beaufsichtigen, da es keine abgeteilte Nichtschwimmerzone gibt. Den Hunger kann man in zwei Restaurants stillen, die in der Nähe des Sees liegen. Ansonsten darf man auch den eigenen Grill auspacken und zum Beispiel die selbst geangelten Fische auflegen.

Der große Storkower See liegt zwischen dem Großen Selchower See und dem Scharmützelsee.

- Natursee: 385 ha
- Tiefe: bis 10 m
- Strandbad (Eintritt, ÖZ: Mai, Juni, September 9-18 Uhr, Juli und August 9-19 Uhr).

i Strandbad Storkow,
15859 Storkow,
Tel: 033678/ 72282

Anfahrt - A 12 Berlin - Frankfurt/ Oder, Ausfahrt Storkow. - Mit der Bahn OE 36 direkt bis Storkow (Mark). Die Linie verkehrt zwischen Berlin-Schöneweide, Königs Wusterhausen und Frankfurt/Oder.
Parken - Kostenlose, unbewachte P, Fahrradabstellplätze.
Badeplätze - Überwachtes Strandbad mit Stegen, Rutschen, Sprungbrettern. Zugang auch für Rollstuhlfahrer, FKK ist verboten.
Sport & Spaß - Segeln, Surfen, Motorboote, Volleyball, Tischtennis.
Kinder - Abgeteilter Nichtschwimmerbereich, flaches Ufer, Kinderspielplatz, Spielgeräte im Wasser.
Essen & Trinken - Imbiss.
Besonderheiten - Grillstellen sind vorhanden, eigener Grill darf nicht mitgebracht werden. Hundeverbot. Strandkorb- und Liegestuhlverleih.
Sehenswertes in der Umgebung - Burg Storkow, Marktplatz und Altstadt Storkow, größte Binnendüne Deutschlands.
Weitere Badeseen in der Umgebung - Scharmützelsee.

Der Storkower See ist umgeben von Wiesen und Bäumen. Wem es auf dem Rasen zu hart ist, kann sich einen Liegestuhl oder sogar einen Strandkorb leihen. Wer zwischendurch die Lust auf Badespaß verspürt, kann im Wasser die Sprungbretter und Rutschen ausprobieren. Auch Kinder finden ausreichend Beschäftigungsmöglichkeiten. Sowohl der Spielplatz im Strandbad als auch Spielgeräte im Wasser sorgen für Unterhaltung. Zur Sicherheit wird der Badebetrieb im Strandbad überwacht. Alle sanitären Einrichtungen sind behindertengerecht. Für den kleinen Hunger stehen ein Imbiss und Grillmöglichkeiten zur Wahl. Wer einen kleinen Spaziergang machen möchte, kann die Stadt Storkow besuchen.

54 Springsee / Limsdorf

Zwischen Storkow und Beeskow liegt südlich vom großen Scharmützelsee der Springsee.

- Natursee: 59 ha
- Tiefe: bis 20 m
- Kein Strandbad

i Camping am Springsee, 15864 Limsdorf, Tel: 033677/440

Anfahrt - A 12 Dreieck Spreeau - Frankfurt/Oder, Ausfahrt Storkow, B 246 bis Wendisch Rietz Siedlung, über Ahrensdorf nach Limsdorf. Im Ort Richtung Möllendorf, nach 500 m rechts zum Springsee. - Zug: Bis Bahnhof Wendisch-Rietz, weiter mit dem Bus nach Limsdorf.
Parken - 100 kostenpflichtige, unbewachte P, Fahrradstellplätze.
Badeplätze - Drei Strände, Zugang auch für Rollstuhlfahrer möglich, FKK erlaubt.
Sport & Spaß - Baden, Angeln, Surfen, Schwimmschuh laufen, Fußball, Tischtennis, Volleyball, Boots- und Fahrradverleih.
Kinder - Kein abgeteilter Nichtschwimmerbereich, flaches Ufer, Abenteuerspielplatz.
Essen & Trinken - Einkehrmöglichkeiten und Imbiss.
Besonderheiten - Ein eigener Grill darf mitgebracht werden, es gibt Grillstellen. Hunde sind erlaubt, aber nicht auf der Liegewiese und an den Hauptstränden.
Sehenswertes in der Umgebung - Tropical Islands Dome, Markgrafenstein bei Rauen, Kurort Bad Saarow, historische Stadt Beeskow, Besuch im Spreewald.
Weitere Badeseen in der Umgebung - Scharmützelsee.

Wer fern dem Massenauflauf einen entspannten Tag am Badesee verbringen möchte, ist in Limsdorf genau richtig. Die Badestellen am Springsee haben am Wochenende nur einen mäßigen Besucherstrom zu verzeichnen und auch unter der Woche sind nur wenige Menschen anzutreffen. Über die Liegewiese erfolgt der Zugang zum See, der auch für Rollstuhlfahrer möglich ist. Sanitäre Anlagen (Duschen und Toiletten) sind ausreichend vorhanden, auch behindertengerechte Einrichtungen gibt es. Das Ufer ist bewaldet, jedoch finden die Sonnenhungrigen auch freie Liegeflächen und Strände. Teilweise gibt es Schilfbewuchs. Wer sich das Umland etwas genauer betrachten möchte, kann sich ein Fahrrad leihen und eine Tour am Ufer entlang machen. Es ist komplett zugänglich und nicht etwa aus Gründen des Naturschutzes gesperrt. Ansonsten kann am See mit einem Fischereischein auch geangelt werden. Der Springsee enthält eine große Artenvielfalt und einen begeisternden Fischreichtum. Für ein abschließendes Barbecue stehen Grillanlagen am Strand bereit. Man kann aber auch den eigenen Grill mitbringen. Für die sportliche Betätigung gibt es ein eigenes Volleyballfeld. Wer den Ball zu Hause gelassen hat - kein Problem! Volleybälle können geliehen werden. Des Weiteren kann man an der Rezeption des Campingplatzes Kanus, Ruder- und Paddelboote sowie Wassertreter mieten.

Goyatz und der Schwielochsee waren schon Anfang des 20. Jahrhunderts ein beliebter Urlaubsort.

- Natursee: 1300 ha
- Tiefe: bis 8 m
- Kein Strandbad

i Schwielochsee Tourist GmbH, 15913 Goyatz, Tel: 035478/512

Anfahrt - A 13 Dresden - Berlin, Ausfahrt Duben, B 87 über Lübben bis Ausfahrt Groß Leine, weiter Richtung Goyatz. - Ab Lübben (Spreewald) mit dem Bus Richtung Straupitz Dorfplatz, Haltestelle Goyatz.
Parken - 20 unbewachte P. Fahrradabstellplätze vorhanden.
Badeplätze - Abgegrenzter, teilweise überwachter Badebereich, Zugang für Rollstuhlfahrer möglich.
Sport & Spaß - Baden, Angeln, Segeln, Surfen, Motorboote, Volleyball.
Kinder - Kein abgeteilter Nichtschwimmerbereich, flaches Ufer, Kinderspielplatz.
Essen & Trinken - Imbiss.
Besonderheiten - Geöffnet von 01.04. bis 31.10., Hunde dürfen nicht mitgebracht werden. Bestimmte Uferbereiche sind gesperrt.
Sehenswertes in der Umgebung - Schlosspark Lieberose, Schinkelkirche und Holländerkirche in Straupitz, Altstadt von Beeskow.
Weitere Badeseen in der Umgebung - Großer Mochowsee.

Der Schwielochsee ist ein großer See mit zahlreichen Badestellen. An jeder ist das Ufer anders beschaffen. Gebüsch, Wald, Schilf und Bäume stehen zur Wahl. Wer ein Boot besitzt, kann auch auf dem Wasserweg über die Spree den Schwielochsee erreichen. Weitere Strände am Schwielochsee gibt es außer in Goyatz auch noch in Zaue, Jessern und Speidron. Wer FKK-Anhänger ist und auf einen abgesonderten Bereich besteht, sollte an den Strand nach Zaue fahren. Dort ist unbekleidetes Baden und Sonnen erlaubt.

56 Großer Mochowsee / Lamsfeld

Ein Ausflug zum Großen Mochowsee eignet sich sowohl für Tagestouristen, als auch für Urlauber, die auf dem anliegenden Campingplatz über einen längeren Zeitraum verweilen können.

- Natursee: 125 ha
- Tiefe: bis 13 m
- Kein Strandbad

i Camping- und Heimatverein Lamsfeld e.V.,
15913 Schwielochsee / OT Lamsfeld, Tel: 035478/525

Anfahrt - A 13 Schönefelder Kreuz - Dreieck Spreewald, Ausfahrt Duben, über B 87 nach Lübben, weiter über B 320 nach Lamsfeld.
Parken - 160 kostenlose, unbewachte P, Fahrradabstellplätze.
Badeplätze - Abgegrenzter Badebereich, Zugang für Rollstuhlfahrer möglich, FKK verboten.
Sport & Spaß - Angeln, Segeln, Volleyball, Tischtennis, Bootsverleih.
Kinder - Abgeteilter Nichtschwimmerbereich, flach abfallendes Ufer, Spielplatz, Spielgeräte im Wasser.
Essen & Trinken - Imbiss.
Besonderheiten - Eigener Grill darf mitgebracht werden (keine Grillstellen). Hunde sind verboten.
Sehenswertes in der Umgebung - Naturlehrpfad am Seeufer und viele weitere Rad- und Wanderwege in der näheren Umgebung. Kahnfahrten im Spreewald, Spreewaldmuseum Lübbenau/Lehde, Buga-Park in Cottbus, Branitzer Park.
Weitere Badeseen in der Umgebung - Schwielochsee mit Fahrgastschiffahrt.

Der Große Mochowsee ist idyllisch gelegen am Rande des Spreewaldes. Der Naturbadesee mit glasklarem Wasser ist nicht nur für Schwimmer attraktiv. Auch Angler können mit etwas Glück einen Fang tätigen. Direkt an der Badestelle liegt ein Campingplatz mit Bungalowpark. Dort können auch die sanitären Anlagen mitgenutzt werden. Eine moderne Volleyballanlage, Tischtennisplatten und ein Ruderbootverleih versprechen einen erlebnisreichen Tag am Großen Mochowsee. Alternativ kann man es sich im Gras oder auf Sand gemütlich machen. Wer das Umland etwas genauer erkunden möchte, kann den Naturlehrpfad am Seeufer entlang spazieren.

Der Großsee liegt am Rande des Naturparks Schlaubetal.

- Baggersee: 35 ha
- Tiefe: bis 17 m
- Kein Strandbad

i Amt Peitz, 03185 Peitz,
Tel: 035601/380

Anfahrt - A 15 Lübbenau - Polen, Ausfahrt Cottbus, B 97 über Peitz nach Tauer. - Mit dem Bus ab Cottbus Busbahnhof oder Cottbus-Sandow bis nach Tauer.
Parken - 500 kostenpflichtige, unbewachte P, Fahrradabstellplätze.
Badeplätze - Kein abgegrenzter Badebereich, teilweiser Zugang für Rollstuhlfahrer, FKK erlaubt.
Sport & Spaß - Baden, Angeln, Surfen, Ruderbootverleih, Tischtennis, Volleyball.
Kinder - Kein abgeteilter Nichtschwimmerbereich, flach abfallendes Ufer, Spielplatz.
Essen & Trinken - Einkehrmöglichkeiten, Kiosk mit Imbiss.
Besonderheiten - Hunde dürfen nicht mitgebracht werden, Grillen ist verboten.
Sehenswertes in der Umgebung - Peitz, Guben, Schlaubetal und Spreewald.
Weitere Badeseen in der Umgebung - Pinnower See.

Der Großsee in der Nähe von Tauer ist ein schöner Badesee, der über kein eigenes Strandbad und keinen abgegrenzten Badebereich verfügt. Der Zugang zum See erfolgt über die Liegewiese und ist an manchen Stellen für Rollstuhlfahrer leider nicht erschlossen. Sanitäre Einrichtungen, auch behindertengerecht, sind am See vorhanden. Ein vielseitiges Programm ist am See geboten. Entweder man macht es sich am Ufer bequem, beobachtet die Surfer auf dem See, oder man wird selbst aktiv und nutzt die Gelegenheit für ein Tischtennismatch oder ein Volleyballspiel. Das Grillen ist verboten, aber gegen den Hunger gibt es trotzdem Abhilfe. Entweder man nutzt eine Einkehrmöglichkeit, oder - wenn es nur etwas Kleines sein soll - man holt sich am Kiosk eine kleine Stärkung. Bei einer Fahrt mit dem geliehenen Ruderboot lässt sich der Uferbereich vom Wasser aus näher erkunden.

58 Deulowitzer See / Schenkendöbern

Der Deulowitzer See entstand in der Eiszeit und ist mit seinem feinsandigen, flachen Badestrand ideal für Kinder.

- Natursee: 11 ha
- Tiefe: bis 8 m
- Kein Strandbad

Campingplatz
Deulowitzer See,
03172 Schenkendöbern,
Tel: 035692/284

Anfahrt - A 13 Dreieck Dresden - Schönefelder Kreuz, Ausfahrt Duben, B 87 Richtung Lübben, ab Lübben auf B 320 Richtung Guben, 4 km vor Ortseingang in Richtung Groß Gastrose bis Atterwasch. Am Ortseingang links. - Zug: Strecke Cottbus - Frankfurt/O., Haltestelle Kerkwitz, ca. 2 km vom See entfernt.
Parken - 300 kostenpflichtige, unbewachte P, Fahrradstellplätze.
Badeplätze - Bewachter öffentlicher Sandbadestrand mit Badeinseln, Zugang für Rollstuhlfahrer, FKK erlaubt an einem extra Strand.
Sport & Spaß - Baden, Angeln, Fußball, Volleyball, Tischtennis, Ruderboot- und Fahrradverleih.
Kinder - Abgeteilter Nichtschwimmerbereich, flaches Ufer, Kinderspielplatz.
Essen & Trinken - Einkehrmöglichkeiten, Kiosk mit Imbiss.
Besonderheiten - Hunde sind am öffentlichen Strand nicht erlaubt, Grillstellen vorhanden, eigener Grill darf mitgebracht werden, teilweise gesperrte Uferbereiche.
Sehenswertes in der Umgebung - Naturschutzgebiet Schlaubetal, Neuzelle, Spreewald.

Der Deulowitzer See liegt in einer landschaftlich schönen Umgebung in der Niederlausitz. Während der feinsandige Badestrand zum gemütlichen Sonnenbad einlädt, lässt die gute Wasserqualität den Angler auf einen reichlichen und schmackhaften Fang hoffen. Toiletten (nicht behindertengerecht) sind am See vorhanden. Rettungsschwimmer und eine DRK-Unfallstation sind direkt vor Ort am Badestrand. Das Ufer wird eingegrenzt von einem Laubwald, in dem man auf Pilzsuche gehen kann. Auch Wanderungen auf gut ausgeschilderten Wegen in der Umgebung sind empfehlenswert. Wer einen längeren Aufenthalt plant, kann sein Zelt auf dem Campingplatz direkt am See aufschlagen.

Der Große Treppelsee liegt im Schlaubetal inmitten von Laubmischwäldern.

- Natursee: 150 ha
- Tiefe: bis 6 m
- Strandbad

i Campingverein
„Großer Treppelsee" e.V.,
15232 Frankfurt/ Oder,
Tel: 0335/520690

Anfahrt - A 12 Berlin - Frankfurt/ Oder, Ausfahrt Müllrose, über Müllrose nach Grunow, weiter nach Bremsdorf. - Per Bahn: Bis Beeskow, dann weiter mit dem Bus nach Bremsdorf, Haltestelle Mühle.
Parken - Ca. 80 kostenpflichtige, unbewachte P. Fahrradabstellplätze.
Badeplätze - Kein abgegrenzter Badebereich, Badeinseln im See. Zugang auch für Rollstuhlfahrer möglich, FKK neben dem Strand erlaubt.
Sport & Spaß - Baden, Angeln, Volleyball, Tischtennis.
Kinder - Kein abgeteilter Nichtschwimmerbereich, kein flaches Ufer, kein Spielplatz.
Essen & Trinken - Einkehrmöglichkeiten.
Besonderheiten - Ein Grill darf nur mitgebracht werden, wenn es keine Waldbrandgefahr gibt. Hunde dürfen nur an der Leine mitgebracht werden. Uferbereich zeitweise wegen Naturschutz gesperrt.
Sehenswertes in der Umgebung - Bisonpark Krügersdorf, Wanderung im Dorche-Tal.
Weitere Badeseen in der Umgebung - Helenesee, Schwielochsee.

Der Große Treppelsee eignet sich zum Besuch besonders für Menschen, die einen ruhigen Aufenthalt am Badesee schätzen. Der Andrang ist nicht sonderlich groß. Trotz der idyllischen Lage im Wald bietet er auch ein Plätzchen an der Sonne auf der Liegewiese. Sanitäre Anlagen sind am See auch behindertengerecht vorhanden. Ein Campingplatz befindet sich in unmittelbarer Nähe zum See.

60 Schervenzsee / Schernsdorf

Inmitten des Naturparks Schlaubetal liegt der Campingplatz am Schervenzsee, dessen Badestelle mit weichem, hellen Sand lockt.

- Natursee: 18 ha
- Tiefe: bis 9 m
- Strandbad (Eintritt, ÖZ: 15.04.-15.10.)

Schervenzsee Camping & Erholung GmbH,
15890 Schernsdorf,
Tel: 033655/746

Anfahrt - A 12 Berlin - Frankfurt/Oder, Ausfahrt Müllrose, weiter bis Müllrose, rechts auf die B 87 Richtung Beeskow, links auf die B 246 Richtung Eisenhüttenstadt. Zug: Haltestelle Müllrose oder Mixdorf, weiter mit dem Bus.
Parken - 300 kostenpflichtige, unbewachte P, Fahrradstellplätze vorhanden.
Badeplätze - Überwachtes Strandbad, der Zugang zum See ist auch für Rollstuhlfahrer möglich, FKK ist nicht gestattet.
Sport & Spaß - Baden, Angeln, Boots- und Fahrradverleih, Volleyball, Tischtennis.
Kinder - Flach abfallendes Ufer, jedoch kein abgeteilter Nichtschwimmerbereich.
Essen & Trinken - Einkehrmöglichkeiten, Kiosk mit Imbiss.
Besonderheiten - Hunde sind erlaubt, dürfen am Strand aber nicht ins Wasser. Grillen ist verboten.
Sehenswertes in der Umgebung - Alte Häuser im Schlaubetal, Kloster Neuzelle, Burg Beeskow.

Der Schervenzsee gilt als Paradies für Angler und Wanderer. Die gute Wasserqualität und die einzigartige Flora und Fauna im Naturpark Schlaubetal sind ein Idyll für alle, die ein ruhiges Fleckchen zum Verweilen suchen. Wer zwischendurch die sportliche Herausforderung sucht, kann sich auf dem Beachvolleyballplatz austoben. Toiletten sind an der Badestelle auch behindertengerecht vorhanden. Gäste des Vier-Sterne-Campingplatzes finden auf dem Platz ein neues, modernes Sanitärgebäude vor. Wer seinen Badeaufenthalt gerne mit einer Wanderung oder Fahrradtour verbinden möchte, findet in der Nähe alte Mühlen, entlegene Naturseen und Urwälder als lohnenswerte Ausflugsziele. Wer länger bleiben möchte, kann auch in eines der rustikalen Ferienhäuser auf dem Campingplatz ziehen.

Der Helenesee liegt vor den Toren der Stadt Frankfurt/Oder und bietet den Besuchern einen Sandstrand und kristallklares Wasser.

- Ehemaliges Braunkohlebergwerk: 250 ha
- Tiefe: bis 57 m
- Strandbad (Eintritt)

i Frankfurter Freizeit- und Campingpark, Helene-See AG, 15236 Helene-See, Tel: 0335/55660

Anfahrt - A 12 Berlin - Frankfurt/Oder, AS Frankfurt/Oder-West, B 87 Richtung Müllrose, nach dem Ortsende Markendorf links zum Helenesee. - Zug: ab Frankfurt/Oder direkt zum Bahnhof Helenesee.
Parken - 4000 gebührenpflichtige P und Fahrradstellplätze.
Badeplätze - Kostenpflichtiger, abgegrenzter und bewachter Badebereich. Kein rollstuhlgerechter Seezugang. Behindertengerechte Sanitäranlagen. FKK-Möglichkeit.
Sport & Spaß - Baden, Segeln, Angeln, Surfen, Tauchen, Aquapark, Fußball, Volleyball, Bootsverleih, Tischtennis, Tennis. Zahlreiche Rad- und Wanderwege.
Kinder - Flach abfallendes Ufer mit abgeteiltem Nichtschwimmerbereich, Kinderspielplatz, Aquapark.
Essen & Trinken - Kiosk mit Imbiss.
Besonderheiten - Ein Naturcampingplatz mit 1800 Standplätzen und ca. 80 Mietbungalows befindet sich in unmittelbarer Nähe zum See. Hunde sind nicht erlaubt. Es gibt Grillstellen, aber auch der eigene Grill kann mitgebracht werden. Bestimmte Uferbereiche sind aus Gründen des Naturschutzes gesperrt.
Sehenswertes in der Umgebung - Neuzelle, Marienkirche in Frankfurt/Oder, Adonisblütenfest in Lebus, Polen.

Der weitläufige Sandstrand am Helenesee lädt Besucher zum gemütlichen Sonnenbaden ein. Aber auch für eine aktive Freizeitgestaltung ist gesorgt. Zahlreiche Sportangebote, ein Aquapark und ein Kinderspielplatz bieten ausreichend Beschäftigungsmöglichkeiten im Wasser und am Ufer. Der bis zu 57 m tiefe See, der an manchen Stellen eine Sicht bis zu 12 m unter die Wasseroberfläche zulässt, ist deshalb ein idealer Erholungsort für Familien mit Kindern. Auch für die Verpflegung ist durch einen Kiosk am See gesorgt. Alternativ kann das Essen im See selbst geangelt und anschließend auf dem Grill zubereitet werden.

62 Trebuser See / Fürstenwalde/Spree

Der Trebuser See lockt mit seinem klaren Wasser zum Angeln und Baden.

- Natursee: 39 ha
- Tiefe: bis 8 m
- Strandbad

i Stadtverwaltung Fürstenwalde, 15517 Fürstenwalde/Spree, Tel: 03361/557217

Anfahrt - A 12 Berlin - Frankfurt/Oder, Ausfahrt Fürstenwalde West oder Ost, Richtung Trebus.
Parken - 20 gebührenfreie, unbewachte P, Fahrradabstellplätze.
Badeplätze - Kein abgegrenzter Badebereich. FKK ist nicht verboten.
Sport & Spaß - Baden, Angeln.
Kinder - Kein abgeteilter Nichtschwimmerbereich, flach abfallendes Ufer, kein Spielplatz.
Essen & Trinken - Einkehrmöglichkeit.
Besonderheiten - Hunde dürfen mitgebracht werden. Grillen ist verboten. Bestimmte Uferbereiche sind aus Gründen des Naturschutzes gesperrt.
Sehenswertes in der Umgebung - Stadt Fürstenwalde mit St. Marien Dom, Keramikwerkstatt, Heimattiergarten, Ausflug in die Rauener Berge.
Weitere Badeseen in der Umgebung - Scharmützelsee, Storkower See.

Der Trebuser See ist umgeben von Wiesen mit Gebüsch, Schilf und Waldgebieten. Der Andrang vor allem am Wochenende ist recht groß, da der See nur 5 km entfernt von der Stadt Fürstenwalde liegt und als Naherholungsgebiet rege genutzt wird. Doch auch Urlauber werden sich an dem kleinen Natursee wohlfühlen. Der Zugang kann direkt über die Liegewiese erfolgen. Wer Hunger bekommt, kann im nahen Gasthaus einkehren.

Der Krossinsee gehört zu Wernsdorf, einem Ortsteil von Königs Wusterhausen.

- Natursee: 161 ha
- Tiefe: bis 5,5 m
- Kein Strandbad

i Tourismusverband Dahme-See e.V., 15711 Königs Wusterhausen, Tel: 03375-25200

Anfahrt - A 10 (Berliner Ring), Ausfahrt Königs Wusterhausen, Richtung Eichwalde nach Wernsdorf. - Buslinie 733.
Parken - 80 kostenlose, unbewachte P keine Fahrradabstellplätze.
Badeplätze - Abgegrenzter Badebereich, Zugang auch für Rollstuhlfahrer möglich, FKK erlaubt.
Sport & Spaß - Baden, Angeln, Segeln, Surfen, Motorboote, Volleyball.
Kinder - Kein abgeteilter Nichtschwimmerbereich, flach abfallendes Ufer, Spielplatz.
Essen & Trinken - Imbiss.
Besonderheiten - Der eigene Grill und Hunde dürfen mitgebracht werden.
Sehenswertes in der Umgebung - Wanderungen oder Fahrradausflüge durch das Berliner Urstromtal.
Weitere Badeseen in der Umgebung - Seddinsee.

Am Krossinsee gibt es kein Strandbad, jedoch einen abgegrenzten Badebereich, den auch Rollstuhlfahrer erreichen können. Der idyllisch gelegene See zwischen Wald und Wiesen ist ein lohnendes Ausflugsziel. Mehrere hundert Badegäste sehen dies genauso und treffen sich hier am Wochenende, um einen entspannten Tag am See zu verbringen. Die Badestelle bietet viele Möglichkeiten der Freizeitbeschäftigung. Zum einen kann man auf dem Wasser Segeln, Surfen und mit Motorbooten umher schippern, zum anderen kann man auf dem Beachvolleyballfeld am Ufer eifrig den Ball schmettern. Kinder können auf dem Spielplatz toben - im Wasser sollte man sie jedoch besser nicht aus den Augen lassen, denn es gibt keinen abgeteilten Nichtschwimmerbereich. Wem der Magen knurrt, kann entweder den Grill auspacken oder sich einen Snack am Imbiss besorgen. Alternativ können Angler auch den frischen Fang auf dem Grill braten. Auch Toiletten sind an der Badestelle vorhanden.

64 Werlsee / Grünheide (Mark)

Die Landschaftsformation des Grünheider Wald- und Seengebiets geht auf die letzte Eiszeit zurück, als die Wassermassen die heutigen Urstromtäler entstehen ließen. In den Senken bildeten sich Seen, die bis heute erhalten geblieben sind.

- Natursee: 67 ha
- Tiefe: bis 6 m
- Kein Strandbad

i Gemeinde Grünheide (Mark), 15537 Grünheide (Mark), Tel: 03362/58550

Anfahrt - A 10 (Berliner Ring), Ausfahrt Erkner, nach Grünheide. - Vom Bahnhof Fangschleuse ca. 1,5 km Fußweg bis zum Südstrand.
Parken - Kostenpflichtige, teilweise überwachte P.
Badeplätze - Kein abgegrenzter Badebereich, FKK am Nordstrand.
Sport & Spaß - Angeln, Segeln, Surfen, Motorboote, Volleyball.
Kinder - Kein abgeteilter Nichtschwimmerbereich, steil abfallendes Ufer, Spielplatz.
Essen & Trinken - Imbiss.
Besonderheiten - Grillen ist verboten, Hunde dürfen nur angeleint und mit Maulkorb mitgebracht werden. Bestimmte Uferbereiche sind aus Gründen des Naturschutzes dauerhaft gesperrt.
Sehenswertes in der Umgebung - Schildkrötengehege Grünheide, Fontane-Kiefer, Forellenanlage Klein Wall.
Weitere Badeseen in der Umgebung - Störitzsee, Kiessee Kagel.

Der Werlsee ist ein beliebtes Ausflugsziel und deshalb vor allem am Wochenende gut besucht. Es gibt keinen abgegrenzten Badebereich, man kann sich also selbst ein gemütliches Plätzchen suchen. Bestimmte Uferbereiche sind jedoch aus Gründen des Naturschutzes ganzjährig gesperrt. Am Ufer finden sich hauptsächlich Bäume und Gebüsch. Vor allem Schattenliebhaber kommen hier auf ihre Kosten. Der Zugang zum See erfolgt über die Liegewiese. Toiletten, auch behindertengerecht, sind am See vorhanden. FKK-Anhänger sollten an den Nordstrand mit seinem kleinen FKK-Bereich gehen. Eltern sollten ihre Kinder nicht aus den Augen verlieren, denn es gibt keinen Nichtschwimmerbereich und das Ufer fällt steil ab. Am Ufer können die Kleinen jedoch auf dem Spielplatz bedenkenlos toben. Am Imbiss kann man sich eine Stärkung holen. Gegrillt werden darf am Werlsee nicht. Wer die sportliche Herausforderung sucht, kann sich beim Surfen, Schwimmen oder Volleyballspielen verausgaben. Auch die Angelrute kann man zum Werlsee mitbringen. Schon so mancher schöner Fisch wurde aus dem Naturgewässer gezogen.

Im Ortsteil Störitz der Gemeinde Grünheide liegt der Kinder- und Jugendpark „Störitzland“ mit öffentlichem Badestrand.

- Natursee: 38 ha
- Tiefe: bis 7 m
- Kein Strandbad

Gemeinde Grünheide (Mark), 15537 Grünheide (Mark), Tel: 03362/58550

Anfahrt - A 12 Dreieck Spreeau - Fürstenwalde, Ausfahrt Storkow, Richtung Spreenhagen. - Per Bahn bis Bahnhof Fangschleuse, dann ca. 7 km Fußweg bis zum See oder mit dem Bus bis Haltestelle Störitzsee.
Parken - Kostenlose, unbewachte P.
Badeplätze - Abgegrenzter Badebereich, Zugang für Rollstuhlfahrer geeignet, FKK verboten.
Sport & Spaß - Baden, Angeln, Kahn fahren, Beachvolleyball.
Kinder - Abgeteilter Nichtschwimmerbereich, flach abfallendes Ufer, großer Spielplatz.
Essen & Trinken - Einkehrmöglichkeiten.
Besonderheiten - Grillplätze sind vorhanden, der eigene Grill darf auch mitgebracht werden, Hunde sind verboten.
Sehenswertes in der Umgebung - Heimatmuseum Mönchwinkel, Forellenanlage Klein Wall.
Weitere Badeseen in der Umgebung - Werlsee.

Ein öffentlicher Badestrand mit feinstem Sand liegt unmittelbar neben dem Gelände des Kinder- und Jugendparks „Störitzland“. Dort gibt es auch einen Caravan- und Campingplatz sowie einen Zeltplatz und Familienbungalows, die vermietet werden.

66 Bötzsee / Petershagen/Eggersdorf

Der Bötzsee liegt inmitten des Blumenthaler Wald- und Seengebiets.

- Natursee: 84,8 ha
- Tiefe: bis 12 m
- Strandbad (Eintritt, ÖZ: Mai bis September 9-18 Uhr)

i Gemeinde Petershagen/Eggersdorf,
15348 Petershagen/Eggersdorf, Tel: 03341/41490

Anfahrt - A 10 (Berliner Ring), Ausfahrt Berlin/Marzahn, über Altlandsberg Richtung Strausberg, Altlandsberger Chaussee Höhe „Seeschloss" zum See. - Mit der S-Bahn von Berlin nach Strausberg, dann Bus Nr. 931 oder 932.
Parken - Kostenpflichtige, bewachte P, Fahrradabstellplätze.
Badeplätze - Überwachtes Strandbad mit Badeinseln, Zugang für Rollstuhlfahrer nicht möglich, FKK verboten.
Sport & Spaß - Baden, Angeln, Bootsverleih.
Kinder - Abgeteilter Nichtschwimmerbereich, flach abfallendes Ufer, Spielplatz, Spielgeräte im Wasser.
Essen & Trinken - Kiosk mit Imbiss, Einkehrmöglichkeiten.
Besonderheiten - Grillen ist verboten, Hunde dürfen mitgebracht werden. Bestimmte Uferbereiche sind aus Gründen des Naturschutzes gesperrt.
Sehenswertes in der Umgebung - Spitzmühle, Wesendahler Mühle, Kinderbauernhof in Petershagen.
Weitere Badeseen in der Umgebung - Stienitzsee.

Für Kinder ist der Bötzsee ein wahres Paradies. Sie können schwimmen und planschen bis zu den Badeinseln und sind dabei immer im Blickfeld der DLRG. Es gibt einen extra Nichtschwimmerbereich und auch das Ufer ist flach abfallend, so dass keiner ins tiefe Wasser fallen kann. Wenn die Kleinen genug vom Wasser haben, können sie sich an Land mit den von zuhause mitgebrachten Spielsachen beschäftigen oder den Spielplatz erkunden. So kommt sicher keine Langeweile auf! Die Erwachsenen können es sich auf der Liegewiese gemütlich machen. Wem der Untergrund zu hart ist, der kann sich im Strandbad auch einen Liegestuhl ausleihen. Und sollte die Sonne blenden - auch dafür gibt es Abhilfe. Ein Liegeschirmverleih verschafft wohltuenden Schatten. Das Landschaftsschutzgebiet „Blumenthaler Wald- und Seengebiet", in dem sich der Bötzsee befindet, kann auch mit einem gemieteten Ruderboot ausgekundschaftet werden. Angler finden am Ufer ein ruhiges Plätzchen für einen erfolgreichen Fang. Den aufkommenden Hunger kann man entweder mit einem kleinen Imbiss am Kiosk oder in einer nahen Einkehrmöglichkeit stillen. Auch Hunde dürfen mitgebracht werden. Für Rollstuhlfahrer ist die Badestelle am Bötzsee leider nicht zugänglich. FKK-Anhänger müssen beachten, dass Baden und Sonnen ohne Bekleidung am Bötzsee nicht erlaubt ist. Das Ufer ist recht vielseitig bewachsen. Es gibt sowohl Wiesen als auch Wald und Schilfgebiete. Sicherlich wird jeder einen Platz finden, an dem er sich wohl fühlt!

Der Bernsteinsee entstand in den 70er Jahren im Rahmen des Autobahnbaus. Der Fund von Bernstein gab ihm seinen Namen.

- Baggersee: 13 ha
- Tiefe: bis 12 m
- Strandbad (Eintritt)

i Bernsteinsee Entwicklungsgesellschaft mbH, 16556 Borgsdorf, Tel: 03303/210629

Anfahrt - A 10 Potsdam - Berlin, Ausfahrt Velten, Richtung Borgsdorf.
Parken - 1300 kostenpflichtige P, Fahrradabstellplätze vorhanden.
Badeplätze - Überwachtes Strandbad mit Stegen. Der Zugang zum See ist auch für Rollstuhlfahrer möglich. Separater FKK-Bereich.
Sport & Spaß - Baden, Angeln, Beachvolleyballfelder, Wasserskilift.
Kinder - Abgeteilter Nichtschwimmerbereich, flach abfallendes Ufer, Kinderspielplatz.
Essen & Trinken - Imbiss, Einkehrmöglichkeit.
Besonderheiten - Hunde sind nicht gestattet. Grillen ist verboten.
Sehenswertes in der Umgebung - Ofenmuseum Velten, Schloss Oranienburg.

Das Strandbad in Velten erfreut sich besonders bei heißen Temperaturen und am Wochenende großer Beliebtheit. Es ist täglich geöffnet und kann direkt über die Liegewiese erreicht werden. Auch für Rollstuhlfahrer ist es kein Problem die Uferzone zu erreichen. Der See mit einer Länge von 750 m bietet ausreichend Platz für sämtliche Wassersportarten. Besonders Wasserskifahrer und diejenigen, die es einmal ausprobieren möchten, sind hier richtig. Eine Wasserski- und Wakeboardanlage sorgen für jede Menge Spaß auf dem Wasser. Über 700 m kann man sich vor den Augen zahlreicher Zuschauer am Ufer über den See ziehen lassen. Wer sich lieber am Ufer sportlich betätigt, wird nicht enttäuscht. Am Bernsteinsee steht Brandenburgs größte Beachsportanlage mit Beachvolleyballfeldern zum Pritschen und Baggern bereit. Für diejenigen, die einfach einen ruhigen Tag in der Sonne verbringen möchten, gibt es große Liegewiesen, auf denen das Entspannen sicher nicht schwer fallen wird. Wer mit Kindern an den See kommt, findet eine abgeteilte Nichtschwimmerzone vor. Ein flach abfallendes Ufer birgt keine Gefahren, zusätzlich achtet die Wasserwacht auf die Sicherheit der Badenden. Wenn die Kinder schließlich keine Lust mehr haben, im Wasser zu spielen, können sie auch an Land den Spielplatz für sich erobern. Langweilig wird es hier ganz bestimmt nicht. Am Ostufer des Sees gibt es einen FKK-Bereich, an dem das Sonnen auch unbekleidet erlaubt ist. Rund um den Bernsteinsee gibt es mehrere Imbissstände und ein Restaurant zum Einkehren. Eingebettet in eine schöne Landschaft, kann man hier auch ruhige Plätze zum Angeln finden. Am Nordufer des Sees kann man im Schilf sogar Fischreiher beobachten. Sanitäre Anlagen sind im Strandbad vorhanden, die Toiletten sind behindertengerecht.

68 Lehnitzsee / Oranienburg

Der Lehnitzsee im Landkreis Oberhavel liegt inmitten von Wald und Wiesen.

- Natursee: 80 ha
- Tiefe: bis 14 m
- Kein Strandbad

i Tourismusverein Oranienburg und Umland e.V., 16515 Oranienburg, Tel: 03301/704833

Anfahrt - A 10 (Berliner Ring), Ausfahrt Birkenwerder, Richtung Oranienburg, 1. Ampel nach rechts in die Saarlandstr., in Andre-Picau-Str. abbiegen, dann Ausschilderung folgen. - Per Bahn: Von Berlin mit der S1 nach Oranienburg oder mit RB 12 Templin - Berlin, Fußweg ca. 15 Minuten.
Parken - Kostenlose, unbewachte P, Fahrradabstellplätze.
Badeplätze - Kein Strandbad, aber ein abgegrenzter und überwachter Badebereich. Der Zugang zum See ist auch für Rollstuhlfahrer möglich. FKK ist verboten.
Sport & Spaß - Baden, Angeln, Motor-, Ruder- und Tretboote, Bootsverleih, Fußball.
Kinder - Abgeteilter Nichtschwimmerbereich, flach abfallendes Ufer, Kinderspielplatz.
Essen & Trinken - Kiosk mit Imbiss.
Besonderheiten - Grillen ist verboten, Hunde dürfen nicht mitgebracht werden.
Sehenswertes in der Umgebung - Oberhavel-Bauernmarkt, Schloss Oranienburg, Gedenkstätte und Museum Sachsenhausen.
Weitere Badeseen in der Umgebung - Waldseen in Germendorf.

Am Lehnitzsee in Oranienburg gibt es kein Strandbad, dafür einen abgegrenzten Badebereich, der auch überwacht wird. Der Zugang zum See erfolgt über die Liegewiese und ist auch für Rollstuhlfahrer möglich. Toiletten sind vorhanden, allerdings nicht behindertengerecht. Das Grillen ist verboten, es gibt jedoch einen Kiosk vor Ort.

Die Waldseen im Oranienburger Ortsteil Germendorf liegen inmitten eines Tier- und Freizeitparks. Langeweile kann hier keine aufkommen!

- Baggersee: 12,5 ha
- Tiefe: bis 3 m
- Strandbad (Eintritt, ÖZ: 9-19 Uhr)

i Tier- und Freizeitpark Eichholz GmbH & Co KG,
16767 Oranienburg - OT Germendorf, Tel: 03301/3363

Anfahrt - A 10 (Berliner Ring), Ausfahrt Birkenwerder, über die E 251 nach Oranienburg.
Parken - 800 kostenpflichtige, unbewachte P, Fahrradabstellplätze.
Badeplätze - An Sonn- und Feiertagen überwachtes Strandbad mit Rutschen, Zugang für Rollstuhlfahrer möglich, FKK ist erlaubt.
Sport & Spaß - Baden, Angeln, Volleyball, Freizeitpark direkt am See.
Kinder - Abgeteilter Nichtschwimmerbereich, flach abfallendes Ufer, Spielplatz, Spielgeräte im Wasser.
Essen & Trinken - Keine Einkehrmöglichkeit, kein Imbiss.
Besonderheiten - Grillstellen sind vorhanden, der eigene Grill darf auch mitgebracht werden. In einem Strandbereich sind Hunde erlaubt. Bestimmte Uferbereiche sind aus Naturschutzgründen gesperrt.
Sehenswertes in der Umgebung - Gedenkstätte Sachsenhausen, Schloss Oranienburg.
Weitere Badeseen in der Umgebung - Lehnitzsee, Bernsteinsee in Borgsdorf.

Die zwei Waldseen in Germendorf sind besonders für Kinder ein Paradies. Gelegen in einem Tier- und Freizeitpark verbinden sie Badespaß und Tierparkvergnügen. Am großen See ist ein Textilstrand mit Rutsche und Wasserfontäne. Mitten im See liegen drei Inseln. Zwei davon sind als Brutgebiete den Tieren vorbehalten, die größere Insel kann man auf dem Fußweg oder mit einer Seilbahn erreichen. Der kleinere See hat einen abgegrenzten FKK-Strand, einen Hundestrand, Angelstege und ein großes Volleyballfeld. Zwischen beiden Seen befindet sich eine große Liegewiese mit Grillplätzen. Für Kinder gibt es einen großen Spielplatz mit Kletterschiff, Trampolin und Karussell. Eine Bastelstraße, Autoscooter und eine Rodelbahn komplettieren das Angebot. Für die ganz Kleinen gibt es ein Planschbecken und einen Minibagger. Der Tierpark befindet sich direkt neben den Seen. Von Schafen, Zebras, Affen, Schlangen bis zu Pumas kann man jede Menge heimische und fremde Tiere zu bestaunen. Wer schon immer Erdmännchen, Alpacas und schwarze Schwäne aus der Nähe beobachten wollte, ist hier genau richtig. Natürlich wird auch für das leibliche Wohl gesorgt. Es gibt einen Imbiss und zusätzlich kann man auf einem Grillplatz die mitgebrachten Würstchen oder die frisch geangelten Fische braten. Hunde dürfen an kurzer Leine mitgebracht werden und sich am separaten Hundestrand austoben. Der Tag an den Waldseen wird wie im Flug vergehen - kein Wunder, bei so vielen Attraktionen. Ein Hotel direkt am See kann für längere Aufenthalte genutzt werden.

Berlin ist immer eine Reise wert! Ob man eigens zum Städtetrip anreist oder einen Besuch der Hauptstadt auf der Durchreise einlegt - es gibt vieles zu entdecken! Doch nicht nur die Innenstadt mit ihren bekannten Bauwerken Brandenburger Tor, Reichstag, Berliner und Französischer Dom oder die Museumsinsel sind sehr sehenswert. Da die deutsche Hauptstadt auch eine der wasserreichsten Metropolen weltweit ist, sollte man Berlin nicht verlassen, ehe man einen Besuch an den zahlreich vorhandenen Badestellen eingelegt hat. Es gibt so viele verschiedene Möglichkeiten ein Bad in einem natürlichen Gewässer zu nehmen, dass es schade wäre, einen Berlin-Trip ohne das Aufsuchen mindestens eines Badesees zu beenden. Wer also einmal eine Verschnaufpause in der pulsierenden Stadt braucht, kann sich zu einem ruhigen Gewässer inmitten Berlins aufmachen. Am bekanntesten ist wohl der **Wannsee** und das dortige Strandbad, das bereits 1907 als Familienbad eröffnet wurde. Ein über einen Kilometer langer künstlicher Sandstrand bietet den Besuchern ein Gefühl wie am Meer. Und auch sonst bietet das Strandbad alles,

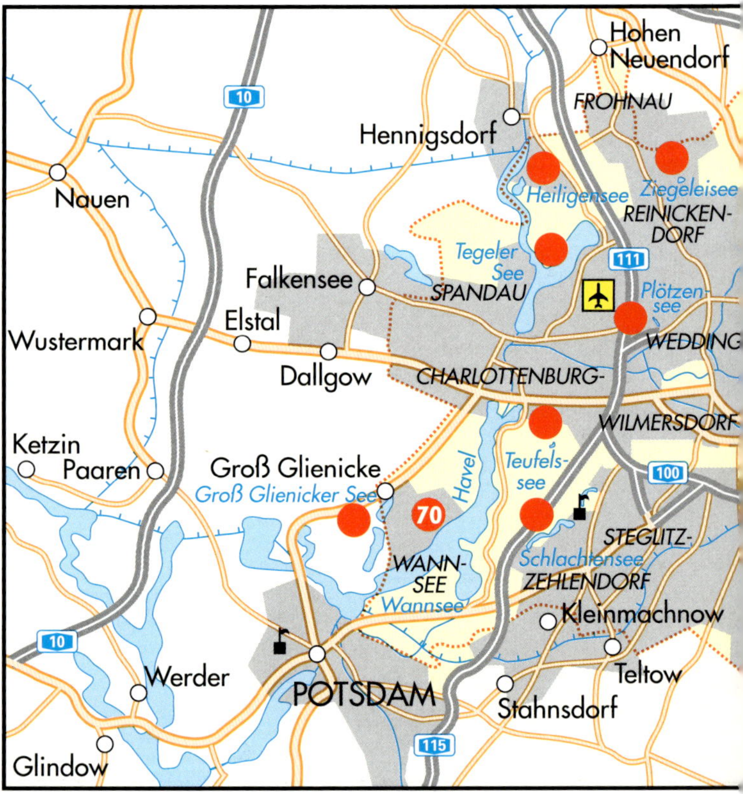

was den Tag am See so richtig erlebnisreich macht. Auch die Kinder werden dort ihren Spaß haben. Ebenso am größten der Berliner Seen, dem **Großen Müggelsee**. Auch das dortige Strandbad lässt das Gefühl, sich inmitten einer Großstadt zu befinden, vergessen. Es gibt jedoch auch Badestellen, die meist nur den waschechten Berlinern bekannt sind. Auch diese wollen wir hier vorstellen. Da wären zum Beispiel die Bademöglichkeiten am **Tegeler See**, die sich besonders für Flugzeugbegeisterte anbieten - liegt der See doch im selben Stadtbezirk wie der Flughafen. Wer es also gerne ruhig mag, sollte diesen See eher meiden und zum Beispiel an den **Dämeritzsee** gehen. Dieser liegt etwas abseits der Großstadt, schon zu einem Teil in Brandenburg. Doch nicht nur in den Berliner Seen kann gebadet werden. Durch Berlin fließen die Flüsse **Spree, Havel** und **Dahme**. Zwar gibt es an diesen keine Strandbäder, aber an Havel und Dahme immerhin Badestellen, die meisten an der (Unter-)Havel. Im folgenden Abschnitt werden 35 verschiedene Orte beschrieben, an denen man in Berlin ins kühle Nass springen kann.

70 Strandbad Wannsee / Steglitz-Zehlendorf

Das Strandbad am Großen Wannsee ist wohl das größte Binnenbad Europas.

- Natursee: 270 ha
- Tiefe: bis 9 m
- Strandbad (Eintritt)

i Strandbad Wannsee,
Wannseebadweg 25,
14120 Berlin, Tel: 030/8035450
Verwaltung: Berliner Bäder-Betriebe, 10829 Berlin,
Tel: 04930/78732646

Anfahrt - A 115 Potsdam - Berlin, Ausfahrt Spanische Allee, Richtung Wannsee, Wannseebadweg 25. - S-Bahn Haltestelle Nikolassee.
Parken - 250 unbewachte P, Fahrradabstellplätze.
Badeplätze - Überwachtes Strandbad mit Sandstrand und Rutschen. Der Zugang zum See ist auch für Rollstuhlfahrer möglich, FKK ist erlaubt.
Sport & Spaß - Baden, Fußball, Volleyball, Bootsverleih, Großschach.
Kinder - Abgeteilter Nichtschwimmerbereich, flach abfallendes Ufer, Spielplatz, Rutsche im Wasser.
Essen & Trinken - Kiosk mit Imbiss.
Besonderheiten - Grillen ist verboten, Hunde sind nicht erlaubt. Es gibt einen Strandkorbverleih.
Sehenswertes in der Umgebung - Haus der Wannsee-Konferenz.

Wer im Sommer der Hauptstadt einen Besuch abstattet, sollte unbedingt einen Besuch im berühmtesten Bad der Stadt einplanen. Das Strandbad Wannsee lockt mit einem 1 km langen Sandstrand und einer Freizeitanlage mit Parkbereich zum Erholen und Entspannen. Wer die sportliche Herausforderung sucht, kann sich beim Beachvolleyball oder Fußball auspowern. Anhänger des Denksports werden auf dem Großschachfeld ihren Spaß haben. Wer es gerne richtig bequem mag, kann einen Strandkorb mieten und es sich darin gemütlich machen. Ansonsten findet man auf der großen Wiese, unter Palmen oder am Waldrand Plätze, auf denen man das Handtuch oder die Badematte ausbreiten kann. Am Wannsee findet jeder einen Platz nach dem eigenen Geschmack. Auch Kinder werden am Wannsee genügend Unterhaltungsmöglichkeiten finden. Im Wasser kann man die Rutschenanlage nutzen, am Ufer steht ein Spielplatz bereit. Und sollte der Magen beginnen zu knurren, kann man sich am Kiosk eine Stärkung holen. Na dann, pack die Badehose ein!

Lichtenberg-Hohenschönhausen

Freibad Orankesee

- Adresse: Gertrudstraße 7, 13053 Berlin, Tel: 030/9864032
- Anfahrt: mit der MetroTram Linie M4 bis Haltestelle Buschallee
- ÖZ: bis Ende September täglich von 9-19 Uhr

Im Freibad Orankesee erwartet die Besucher ein feiner Sandstrand und eine Liegewiese zum Ausbreiten. Alternativ gibt es Liegestühle oder Strandkörbe. Eine 52 m lange Wasserrutsche bietet nicht nur Kindern jede Menge Spaß. Auch Nichtschwimmer können sich hier sicher fühlen. Ein abgegrenzter Bereich am flachen Ufer bietet Schutz vor tiefem Wasser. Auch einen Kinderspielplatz und die Möglichkeit Fußball, Tischtennis und Volleyball zu spielen gibt es im Freibad Orankesee. Grillplätze können genutzt werden und zum Nachtisch kann man in das Eiscafé vor Ort gehen.

Treptow-Köpenick

Der Große Müggelsee ist flächenmäßig mit über 700 ha der größte See in Berlin. Die maximale Tiefe des Sees beträgt 8 m. Durch den See fließt die Spree, die an dieser Stelle auch Müggelspree genannt wird. Auf dem See tummeln sich viele Wassersportler, Surfen und Segeln sind sehr beliebt, auch Motorboote fahren auf dem See. Unweit des Ufers verbindet der Müggelseedamm das Strandbad mit der Freilichtbühne, dem Museum der Wasserwerke - in dem man erfährt wie aus Grundwasser Trinkwasser gewonnen wird - und mit dem Stadtteil Friedrichshagen. Wer vom Baden genug hat, kann am südlichen Ufer auf einem Fußweg den halben See umwandern. Alternativ kann man mit einem Fahrgastschiff über den See schippern und sich den Fahrtwind um die Nase wehen lassen.

Strandbad Müggelsee

- Adresse: Fürstenwalder Damm 838, 12589 Berlin, Tel: 030/6487777
- Anfahrt: Die Tram Linie 61 hält direkt am Strandbad Müggelsee.
- ÖZ: Anfang Juni-Ende September, Eintritt ist kostenlos

Das seit über neunzig Jahren bestehende Strandbad am Großen Müggelsee bietet den Besuchern eine schöne Liegewiese mit Blick auf den idyllischen See. Wer lieber bequem sitzt, kann sich auch einen Strandkorb mieten. Besonders Sportbegeisterte werden sich hier im Strandbad wohl fühlen, denn die verschiedenen Ballsportanlagen machen Lust auf ein Match. Egal ob Volleyball, Basketball oder Handball – alles ist möglich. Alternativ kann man auch Badminton oder Tischtennis spielen. Für Kinder stehen ein Wasserspielzeugverleih und ein Spielplatz zum Austoben bereit. Wer Hunger bekommt, kann sich entweder an den vorhandenen Grillstellen etwas Gutes braten oder an der Imbissbude einen kleinen Snack kaufen. An FKK-Anhänger wird im Strandbad am Großen Müggelsee ebenfalls gedacht. Sie finden ein eigens an sie gerichtetes Angebot vor. Der Badebereich wird vom ASB überwacht.

Kleiner Müggelsee

- Adresse: Gosener Damm 1, 12559 Berlin, Tel: 030/90252068
- Anfahrt: Buslinie x69 bis Haltestelle Müggelheim/Dorf oder Linie 369 bis Haltestelle Alt-Müggelheim.

Der kleine Müggelsee liegt direkt vor dem Großen Müggelsee und ist - wie es der Name schon besagt - wesentlich kleiner. Trotzdem kann man auch im Kleinen Müggelsee den Badefreuden nachgehen. Der Badebereich wird vom ASB überwacht.

Seddinsee in Schmöckwitz

- Adresse: Seddinpromenade, 12527 Berlin
- Anfahrt: Mit dem Bus der Linie 168 bis zur Haltestelle „Alt-Schmöckwitz". Fußweg über die Wernsdorfer Straße zur Seddinpromenade.

Der Seddinsee ist ca. 370 ha groß und erreicht eine maximale Tiefe von 7 m. Idyllisch gelegen, hauptsächlich von Wald umschlossen, ist er ein schönes Ausflugsziel für Naturliebhaber und Erholungssuchende. Über den Gosener Kanal ist der Seddinsee mit dem Dämeritzsee und der Spree verbunden. Der Badebereich wird vom ASB überwacht.

Dämeritzsee

- Adresse: Kanalstraße, 12589 Berlin
- Anfahrt: Buslinie 161 bis zur Haltestelle Dämeritzstraße

Der Dämeritzsee mit einer Größe von ca. 100 ha liegt zur Hälfte in Brandenburg und zur Hälfte in Berlin.

Abseits vom Stadtgebiet Berlins, hinter dem Großen Müggelsee, befindet er sich nahe der Stadt Erkner. Über den Dämeritzsee kann man einige andere Gewässer in Berlin erreichen. So ist er ein Knotenpunkt für die Spree, den Müggelsee und den Seddinsee. Im Dämeritzsee liegen einige unbewohnte Inseln.

Flussbad Gartenstraße

- Adresse: Gartenstraße 42-50, 12557 Berlin, Tel: 030/65880094
- Anfahrt: S-Bahn Linie 3 bis Köpenick, dann Tram der Linie 62 bis Haltestelle Wendenschloss.
- ÖZ: täglich 13-18 Uhr

Die Badeanstalt wurde 1897 errichtet und 1991 wegen Baufälligkeit geschlossen. Drei Jahre später wurde der Badebetrieb wieder aufgenommen. Heute kann man dort Beachvolleyball und Tischtennis spielen, den Booten zusehen, zur Badeinsel oder zu den Reifen im Wasser schwimmen. Die Grillplätze stehen zur allgemeinen Nutzung bereit.

Strandbad Grünau

- Adresse: Sportpromenade 5, 12527 Berlin, Tel: 030/6743576
- Anfahrt: Mit der S-Bahn Linie 8 nach Köpenick, dann weiter mit der Tram Linie 68 zur Haltestelle Strandbad Grünau.
- ÖZ: Mo-Fr 10-19 Uhr, Sa-So 9-19 Uhr

Das Strandbad Grünau ist 34000 qm groß und bietet den Besuchern einen Sandstrand, wahlweise auch eine gemütliche Liegewiese. Für FKK-Anhänger gibt es einen abgegrenzten Teilbereich. Falls der Magen knurren sollte, stehen ein Restaurant, ein Imbiss und ein Verkaufsstand als Anlaufstelle bereit. Strandkörbe und Liegen laden zum Faulenzen ein. Für Kinder gibt es einen Spielplatz, ein Klettergerüst sowie einen Steg mit Turm. Auf dem Volleyballplatz kann man sich sportlich austoben.

Dahme Bammelecke

- Adresse: Sportpromenade, 12527 Berlin
- Anfahrt: S-Bahn Linie 8 nach Grünau, dann Tram Linie 68, Haltestelle Strandbad Grünau oder Richtershorn.

Im eher flachen Wasser der Dahme fühlen sich besonders Nichtschwimmer wohl. Direkt an der Badestelle sind allerdings keine sanitären Anlagen vorhanden. Der gesamte Badebereich wird von der DLRG überwacht.

Freibad Wendenschloss / Langer See/Dahme

- Adresse: Möllhausenufer 30, 12557 Berlin, Tel: 030/6517171
- Anfahrt: S-Bahn Linie 3 nach Köpenick, dann weiter mit Tram Linie 62 bis Haltestelle Wendenschloss.

Südlich des Großen Müggelsees mündet die Dahme in den Langer See. Dort befindet sich das Freibad Wendenschloss, das sowohl einen Sandstrand als auch eine Liegewiese besitzt, auf der man es sich bequem machen kann. Alternativ stehen Strandkörbe und Liegen zur allgemeinen Nutzung bereit. Für Kinder gibt es einen Spielplatz und ein Klettergerüst zum endlosen Toben. Für ältere Sportfreunde gibt es ebenfalls viele Möglichkeiten, den Tag nicht nur auf der Liegewiese zu verbringen. Verschiedene Ballsportarten, wie Volleyball, Beachball, Korbball oder Federball können gespielt werden. Zusätzlich steht eine Tischtennisplatte bereit. Wer die nötige Ausrüstung zu Hause vergessen hat - kein Problem! Ein Spielgeräte-Verleih stellt die Ausrüstung zur Verfügung. Das Freibad ist auch für Rollstuhlfahrer gut zugänglich.

Steglitz - Zehlendorf

Krumme Lanke

- Adresse: Fischerhüttenstraße 141, 14163 Berlin
- Anfahrt: Buslinie 118, 184, 629 oder U 3 bis Krumme Lanke, dann ca. 1 km Fußweg über die Fischerhüttenstraße.

Die Krumme Lanke ist ein See, der am Rande des Grunewalds liegt. Es gibt zwei verschiedene Badestellen, eine davon ist für FKK-Anhänger gedacht. Auch als Angelgewässer ist die Krumme Lanke bekannt.

Schlachtensee

- Adresse: Am Schlachtensee 1, 14129 Berlin
- Anfahrt: Mit der S-Bahn Linie 1 bis Haltestelle Schlachtensee. Die Straße Am Schlachtensee überqueren und schon ist man an der Badestelle.

Der Schlachtensee liegt mit einer Größe von 41 ha inmitten Berlins. Nicht nur zum Baden, sondern auch zum Angeln ist er ein gutes Gewässer. Vom Aal bis zum Zander tummeln sich in dem See diverse Fischarten. Der Schlachtensee ist maximal 8 m tief.

Strandbad Großes Fenster/Große Steinlake / Unterhavel

- Adresse: Badeweg 1, 14109 Berlin
- Anfahrt: Mit der S-Bahn Linie 1 zum Bahnhof Wannsee, dann mit der Buslinie 218 bis Haltestelle Großes Fenster.

Das Strandbad mit Sandstrand lässt sich auf der Unterhavel mit dem Segelboot oder Surfbrett umrunden.

Lieper Bucht / Unterhavel

- Adresse: Lindwerder, 14193 Berlin
- Anfahrt: Buslinie x49 oder 149 bis Haltestelle Heerstraße, dann weiter mit Buslinie 218 bis Lindwerder, dann 200 m Fußweg.

Die Lieper Bucht liegt gegenüber der Insel Lindwerder an der Havelchaussee. Die Badestelle ist vom Bootsverkehr abgegrenzt.

Alter Hof / Unterhavel

- Adresse: Uferpromenade, 14109 Berlin
- Anfahrt: Buslinie 218 bis Rübezahlweg, dann ca. 1 km Fußweg über den Brunnenweg bis zum „Alten Hof" an der „Wasserrettungsstation Jagen 95".

Der Badebereich hat eine kleine Liegewiese und wird von der DLRG und dem Deutschen Roten Kreuz überwacht.

Charlottenburg-Wilmersdorf

Grunewaldturm / Unterhavel

- Adresse: Havelchaussee 61, 14193 Berlin
- Anfahrt: Buslinie 218 bis Haltestelle Waldhaus oder Grunewaldturm, dann ca. 200 m Fußweg.

Der Badebereich wird von der DLRG überwacht. Der Bau des Grunewaldturms wurde 1897 anlässlich des 100. Geburtstags von Kaiser Wilhelm I. von der Gemeinde Teltow in Auftrag gegeben. Das Monument sollte Ausdruck der märkischen Dankbarkeit sein. Die Aussichtsplattform des 56 m hohen Turmes kann über 204 Stufen erreicht werden. Zur Belohnung gibt es einen herrlichen Blick über die Havellandschaft und den Grunewald.

Radfahrerwiese / Unterhavel

- Adresse: Havelchaussee 92b, 14193 Berlin
- Anfahrt: Buslinie 218 bis Havelweg, dann ca. 800 m Fußweg.

Der Badebereich an der schönen Havelchaussee wird von der DLRG und dem Deutschen Roten Kreuz überwacht.

Teufelssee

- Adresse: Teufelsseechaussee 28, 14193 Berlin
- Anfahrt: Wahlweise mit Buslinie x34 oder 218 oder der MetroTram bis Haltestelle Heerstraße, dann längerer Fußweg.

Der kleine Teufelssee liegt herrlich eingerahmt von vielen Bäumen unterhalb des Teufelsbergs. Die Badestelle wird überwacht von der DLRG und dem Deutschen Roten Kreuz.

Freibad Jungfernheide

- Adresse: Jungfernheideweg 60, 13629 Berlin, Tel: 030/70712411
- Anfahrt: Mit der U-Bahn Linie 7 bis Haltestelle Siemensdamm, weiter mit Buslinie 123 bis Saatwinkler Damm.

Das Freibad Jungfernheide hat einen feinen Sandstrand und eine Liegewiese, auf der man es sich bequem machen kann. Wer lieber im Sitzen den Tag im Strandbad verbringen möchte, kann sich einen Strandkorb leihen. Im abgeteilten Nichtschwimmerbereich gibt es zwei Kinderrutschen, zusätzlich kann man im Wasser Badeinseln und Stege anschwimmen. Eine Tischtennisplatte wartet darauf, von sportbegeisterten Besuchern bespielt zu werden. Falls der Magen knurren sollte, kann man dem im Restaurant oder bei einem Imbiss Abhilfe leisten.

Wedding

Freibad Plötzensee

- Adresse: Nordufer 24, 13351 Berlin, Tel: 030/45020123
- Anfahrt: mit den S-Linien 41 oder 42 bis Haltestelle Beusselstraße

Das Freibad am Plötzensee ist besonders für Kinder und Sportfreunde attraktiv. Ein 20 m hoher Seilzirkus, ein Abenteuerspielplatz und eine Streetball-Anlage sind Einrichtungen, die nicht jedes Freibad bieten kann! Ergänzt durch eine Wasserrutsche, eine Strandrutsche und eine Volleyball-Anlage gerät am Plötzensee das Schwimmen fast in Vergessenheit.

Wem das als Attraktion noch nicht genügt, der kann sich an den vier Tischtennisplatten oder auf dem Fußballplatz austoben. Diejenigen, die es eher ruhig mögen, können es sich auf dem Sandstrand, der großen Liegewiese, im Strandkorb oder im FKK-Bereich gemütlich machen. Bei aufkommendem Hunger empfiehlt sich ein Besuch im Restaurant vor Ort.

Reinickendorf

Der Tegeler See ist mit einer Fläche von 460 Hektar nach dem Müggelsee der zweitgrößte See in Berlin. Seine idyllische Lage und die vielen kleinen Inseln, die teilweise mit einer Fähre erreicht werden können, machen den See zu einem beliebten Naherholungsgebiet. Auch Ausflugsdampfer befahren den See regelmäßig. Attraktiv ist die Gegend für Spaziergänger, Radfahrer und Badende. Letztere können aus mehreren Badestellen am See wählen, sowohl frei zugänglichen Stellen als auch Strandbädern.

Strandbad Tegeler See

- Adresse: Schwarzer Weg, 13505 Berlin, Tel: 030/4341078
- Anfahrt: mit der S25 bis zur Haltestelle Tegel, dann U-Bahn Linie 6 zur Haltestelle Alt-Tegel, weiter mit Buslinie 222 zur Haltestelle Falkenplatz, dann 1,2 km Fußweg.

Das Strandbad am Tegeler See lockt die Besucher mit einem feinen Sandstrand, der sich sehr gut für erholsame Stunden eignet. Wahlweise steht eine Liegewiese im FKK-Bereich zur Verfügung. Wer gerne im Sitzen die Strandbadatmosphäre genießt, kann sich einen Strandkorb leihen. Natürlich kann man über den Strand langsam in das Wasser schreiten. Wem dies jedoch zu langweilig ist, kann die Sprunganlage mit 1-m- und 3-m-Brett immer wieder hochklettern, runter springen und anschließend auch noch zur Badeinsel im See schwimmen. Alternativ kann man auch die Doppelrutsche ins Wasser nehmen. Auch Kinder werden hier viel Freude haben. Es gibt einen Spielplatz, ein Klettergerüst und eine Wippe. Da kommt keine Langeweile auf! Sportbegeisterte können sich auf dem Volleyballfeld oder an den Tischtennisplatten erfreuen. Natürlich bekommt man nach sportlicher Höchstleistung oder auch nur vom faulen Herumliegen Hunger. Aber auch dafür ist im Strandbad Tegeler See gesorgt. Ein Restaurant oder ein Imbiss können besucht werden.

Badestelle Saatwinkel / Tegeler See

- Adresse: Im Saatwinkel 65, 13599 Berlin
- Anfahrt: Mit der U-Bahn Linie 6 bis Haltestelle Holzhauserstraße, dann weiter mit der Buslinie 133 bis Haltestelle Maienwerderweg, dann noch ca. 1 km Fußweg bis zur Badestelle.

71 Weitere Badestellen in Berlin

An der Badestelle „Saatwinkel" hat man einen herrlichen Panoramablick auf die verschiedenen Inseln im Tegeler See: Maienwerder, Valentinswerder, Baumwerder und Reiswerder.

Badestelle Reiherwerder / Tegeler See

- Adresse: Schwarzer Weg, 13505 Berlin
- Anfahrt: Buslinie 133 bis Haltestelle Konradshöher Str./ Heiligenseestr., dann Linie 222 bis Mühlenweg, ca. 1 km Fußweg den Försterweg entlang.

Der Badebereich wird überwacht von der DLRG und dem ASB.

Strandbad Scharfenberg / Tegeler See

- Adresse: Scharfenberg 44, 13507 Berlin
- Anfahrt: Mit dem Bus der Linie 222 bis Haltestelle Jörsstraße. Fußweg über Jörsstraße und Theresenweg zur Badestelle.

Der Badebereich liegt neben der Fähren-Anlegestelle und wird von der DLRG und dem ASB überwacht.

Strandbad gegenüber Scharfenberg / Tegeler See

- Adresse: Scharfenberg, 13507 Berlin
- Anfahrt: Buslinie 222 bis Haltestelle Jörgstraße, dann ca. 1 km Fußweg über den Theresenweg, dann den Schwarzer Weg zu Fuß.

Der Badebereich wird von der DLRG und dem ASB überwacht.

Badestelle Sandhauser Straße / Oberhavel

- Adresse: Sandhauser Str. 57, 13505 Berlin
- Anfahrt: Buslinie 324 bis Haltestelle Rohrweihstraße, dann ca. 500 m Fußweg.

Der Badebereich wird überwacht von der DLRG und dem ASB.

Badestelle Rohrweihstraße / Oberhavel

- Adresse: Rohrweihstraße, 13505 Berlin
- Anfahrt: Buslinie 324 oder Linie 222 bis Haltestelle Falkenplatz, dann ca. 500 m Fußweg.

Unterhalb der Rohrweihstraße auf der Konradshöhe liegt an einem Spazierweg ein kleiner Strand mit Zugang zur Oberhavel.

Freibad Heiligensee

- Adresse: Sandhauser Straße 132-140, 13503 Berlin,
  Tel: 030/43663827
- Anfahrt: Buslinie 124 bis Haltestelle Alt-Heiligensee, von dort aus weiter mit Linie 324 bis zur Haltestelle Strandbad Heiligensee.

Das Freibad bietet den Besuchern einen herrlichen Sandstrand zum gemütlichen Liegen oder Sandburgen bauen. Als Attraktionen stehen ein Dreimetersprungturm und eine Rutsche zur Verfügung. Für das leibliche Wohl gibt es feste Grillplätze, die genutzt werden können.

Freibad Lübars

- Adresse: Am Freibad 9, 13469 Berlin, Tel: 030/4026050,
  ÖZ: 01.05.-15.09. (je nach Wetterlage auch bis Ende September geöffnet) 8-19 Uhr
- Anfahrt: S-Bahn Linie 1 Richtung Waidmannslust, Buslinie 222 bis zur Haltestelle Am Vierrutenberg.

Ein feiner Sandstrand zeichnet das Freibad Lübars am Ziegeleisee als Erholungsstätte aus. Wer nicht so gerne auf den Sandkörnern liegt, kann es sich auch auf der Liegewiese oder in Strandkörben bequem machen. Im Wasser gibt es sowohl eine Badeinsel als auch Stege, von denen aus man sich in die Fluten stürzen kann. Eine Sprunganlage mit 1-m-, 3-m- und 5-m-Turm verspricht sowohl für den ängstlichen als auch den mutigen Springer viel Vergnügen. Wahlweise kann das Wasser auch über eine Doppelrutsche erreicht werden. Eine Kinderrutsche, ein Klettergerüst und eine Wippe lassen Kinderherzen höher schlagen. Selbst Babys werden sich im Freibad Lübars amüsieren. Eine eigene Babyrutsche bringt schon den ganz Kleinen den Spaß am Wasser nahe. Der Hunger kann im Restaurant, am Imbiss oder Verkaufsstand gestillt werden.

Spandau

Der Groß Glienicker See liegt zu einem Teil in Berlin, der andere Teil liegt in Brandenburg. Vor 1990 verlief die Grenze zwischen West-Berlin und der DDR durch den See, dessen Ufer von der Ost-Seite nicht zugänglich war. Er bildet mit dem Sacrower See und dem Heiligen See eine Seenplatte, die in einer eiszeitlichen Rinne liegt. Der See ist fast komplett von Wohngebieten umgeben. Am knapp 2 km langen See gibt es zwei verschiedene Badestellen, die beide im Berliner Stadtgebiet liegen.

Groß Glienicker See / nördlich

- Adresse: Uferpromenade 9, 14089 Berlin
- Anfahrt: Buslinie 135 bis Seekorso, dann 500 m Fußweg.

Sportbegeisterte können dort Badminton, Boule oder Fußball spielen.

Groß Glienicker See / südlich

- Adresse: Im Dohl, 14089 Berlin
- Anfahrt: Buslinie 135 bis Waldallee, dann ca. 800 m Fußweg.

An der südlichen Badestelle gibt es gibt eine große Liegewiese und einen Sandstrand. Wer sich sportlich betätigen möchte, kann Badminton, Fußball oder Volleyball spielen. Der Badebereich wird von der DLRG und dem Deutschen Roten Kreuz überwacht.

Bürgerablage / Oberhavel

- Adresse: Niederneuendorfer Allee 84, 13587 Berlin
- Anfahrt: Buslinie 136 bis zur Haltestelle Nieder Neuendorf Havelpromenade, dann ca. 200 m Fußweg bis zum P.

An der Badestelle Bürgerablage gibt es einen idyllischen Badebereich, der vor dem Bootsverkehr geschützt ist. Es sind Grillplätze vorhanden - deshalb das Grillgut nicht zu Hause vergessen! Dann steht einem entspannten Tag an der Havel nichts mehr im Wege. Ein Campingplatz ganz in der Nähe der Badestelle lädt zum längeren Bleiben ein. Der Badebereich wird von der DLRG und dem ASB überwacht.

Breitehorn / Unterhavel

- Adresse: Kolonie Breitehorn, 14089 Berlin
- Anfahrt: Buslinie x34 oder 134 bis zur Haltestelle Breitehornweg mit Linie 334 bis Haltestelle Waldschluchtpfad, dann über den Breitehornweg zu Fuß ca. 800 m.

Große Badewiese / Unterhavel

- Adresse: Seepromenade 30, 14089 Berlin.
- Anfahrt: Buslinie x34 oder 134 bis Haltestelle Helleberge oder mit Linie 334 bis zur Haltestelle Waldschluchtpfad. Fußweg Richtung Ufer, über die Seepromenade und Uferpromenade zur Großen Badewiese.

Eine große Liegewiese oder wahlweise auch Sitzbänke mit Blick auf die Havel stehen den Besuchern zur Wahl.

Pankow

Strandbad am Weißen See

- Adresse: Berliner Allee 174, 13088 Berlin
- Anfahrt: Mit MetroTram M4 oder M13 oder Buslinie 255 bis zur Haltestelle Berliner Allee/Indira-Gandhi-Str.
- ÖZ: bis Anfang September täglich von 9-19 Uhr

Der Weiße See zählt zu den tiefsten Gewässer in Berlin. Dennoch muss man keine Angst haben, im Strandbad ins Wasser zu gehen, da es einen Nichtschwimmerbereich gibt. Für Kinder gibt es eine Kletterspinne zu erobern, außerdem ist ein Spielplatz vorhanden. Wer sich lieber bequem niederlässt, kann es sich am schönen Sandstrand gemütlich machen.

Wasserwandern in Brandenburg und Berlin

Die schönen Gewässer in Brandenburg und Berlin locken nicht nur zum Baden, sondern sind auch hervorragende Reviere um sonstige Wassersportarten auszuüben. Besonders beliebt ist das Wasserwandern - das Befahren der Wasserstraßen mit motorisierten oder Segelschiffen, Hausbooten oder Paddelbooten wie Kanus oder Kajaks, Wassertretern und Hydrobikes. Selbst auf Flößen sind schon Menschen gesehen worden. An zahlreichen Stellen in den beiden Bundesländern kann man das entsprechende Transportmittel ausleihen oder eine geführte Tour buchen - dann wird auch der Gepäckservice übernommen und für die Übernachtungsunterkünfte gesorgt. Wer sich lieber als Individualist die Wasserwege erschließt, kann auch dies tun, denn die Länder haben in den letzten Jahren viel in ihre Wasserwege investiert. In Berlin, Brandenburg und dem angrenzenden Mecklenburg-Vorpommern sind die befahrbaren Wasserstraßen alle mit dem einheitlichen maritimen Informations- und Leitsystemsymbol der „Gelben Welle" gekennzeichnet. Bootstouristen werden so auf Anlegemöglichkeiten, die Ausstattung des Anlegers bzw. Hafens und auf Sehenswürdigkeiten hingewiesen.
Ob mit dem Kanu durch den Spreewald bis zum Scharmützelsee, mit dem Boot durch die Wassermetropole Berlin oder von der Hauptstadt über Potsdam bis nach Brandenburg an der Havel - nur drei Vorschläge aus einer riesigen Auswahl verschiedener Touren über unterschiedliche Distanzen. Brandenburg bietet insgesamt 6500 befahrbare Kilometer auf den Gewässern, davon dürfen 1000 auch mit einem Motorboot befahren werden (350 km führerscheinfrei). Die Wasserwege führen teilweise durch unberührte Landschaften, durch Städte und Dörfer, vorbei auch an Wehren und Schleusen. Wer den Oder-Havel-Kanal befährt, passiert in Niederfinow das Schiffshebewerk, das wohl spektakulärste technische Denkmal in Brandenburg, das Boote innerhalb von fünf Minuten auf eine Höhe von 36 m anheben kann. Naturliebhaber werden sich im Naturpark Uckermärkische Seen besonders wohl fühlen. Mit 300 Seen, Bächen und Flüssen gilt das Gebiet als Paradies für Wasserwanderer. Eine große Tour startet in dem Flößerstädtchen Lychen, führt über den Haussee, Stolpsee bis zum Röddelinsee. Unterwegs wäre es nicht ungewöhnlich, einen Fischotter oder Elbebiber am Kanu vorbei schwimmen zu sehen. Die intakte Natur sorgt für einen großen Artenreichtum bei Tieren und Pflanzen. Das Lausitzer Seenland hingegen ist eine künstlich geschaffene Wasserwelt. Wo noch vor Jahren riesige Braunkohlekrater in der Landschaft lagen, entsteht durch die Flutung stillgelegter Tagebaue Deutschlands viertgrößtes Seengebiet. Ab dem Jahr 2008 gibt es hier Seen mit einer Wasserfläche von 14000 Hektar.
Jeder Freizeitkapitän wird in Brandenburg und Berlin das Revier nach seinen Wünschen finden!

Die Broschüre „Das blaue Paradies" mit Tourenvorschlägen, ausführlichen Informationen zu den Wassersportrevieren und einer großen Übersichtskarte ist erhältlich bei der Tourismus-Marketing Brandenburg GmbH, Am Neuen Markt 1, 14467 Potsdam, Tel. 0331/29873-0 und im Internet unter www.das-blaue-paradies.de

Impressum

Redaktion Heidi Fischer, Meike Latussek
Grafik, Layout Sandra Lengwenus
Karte cartomedia, Karlsruhe
Titelfoto Schwielochsee (Peter Mainz)

Die Benutzung dieses Führers geschieht auf eigenes Risiko. Eine Haftung für etwaige Unfälle und Schäden jeder Art wird vom Verlag oder vom Herausgeber aus keinem Rechtsgrund übernommen. Für inhaltliche Veränderungen nach der Drucklegung kann der Verlag keine Garantie übernehmen. Jegliche Haftung für fehlerhafte oder unvollständige Einträge wird ausgeschlossen.

Bibliografische Information Der Deutschen Bibliothek:
Die Deutsche Bibliothek verzeichnet diese Publikation in der Deutschen Nationalbibliografie; detaillierte bibliografische Daten sind im Internet über http://dnb.ddb.de abrufbar.

ISBN 978-3-7956-0301-4 • 1. Auflage 2007

www.drei-brunnen-verlag.de · e-Mail: mail@drei-brunnen-verlag.de
Printed in Germany 2007

Bildnachweis

TMB-Fotoarchiv (S. 3); Alexandra Spitza (S. 7); Kerstin Folk (S. 8 o. und u.); Frank Pyritz (S. 9 o.); Brunhilde Brose (S. 9 u.); EJB Werbellinsee GmbH (S. 10 o. und u.); Legrand (S. 11 o. und u.); Stadtverwaltung Templin (S. 23 o. und u., 25); Dr. W. Henkel (S. 26 o. und u.); A. Fischer (S. 27); Konstantin Normann (S. 33); Stadt Lenzen (S. 34 o. und u.); Marco Lüders (S. 35 o. und u.); Klaus Metzner (S. 36 o. und u., 37 o. und u., 38 o. und u., 39); Marina Selch (S. 41, 42, 43); Mario Müller (S. 44 o. und u.); Kristina Lüthgens (S. 46 o. und u.); Pressestelle TF (S. 47, 48, 54, 58, 61); Rosemarie Fritzsch (S. 49 o. und u.); Natur- u. Campingfreunde Zeischa e.V. (S. 51); Erholungsgebiet Senftenberger See (S. 53 o. und u.); DRK Kreisverband Fläming-Spreewald (S. 55 o. und u.); Tourismusverband Dahme-Seen e.V. (S. 56 o. und u., 57, 59, 62 o. und u., 73 o. und u.); Peter Bieler (S. 60); Sandra Lengwenus (S. 63 o. und u., 82 o.); Olaf Döbel (S. 65 o.); Peter Mainz (S. 65 u.); A. Funke, Heimatverlag Lübben (S. 66 u.); Ronny Seibt (S. 67 o. und u.); Karlheinz Wratsch (S. 68 o. und u.); Campingverein „Großer Treppelsee" e.V. (S. 69 o. und u.); Jörg Klofski (S. 70 o. und u.); Helene-See AG (S. 71); Torsten Keitzl (S. 72 o. und u.); Gemeinde Grünheide (Mark) (S. 74); Störitzland Betriebsgesellschaft mbH (S. 75 o. und u.); Tourismusverein Oranienburg und Umland e.V. (S. 78 o. und u.); www.berlin-tourist-information.de (S. 82 u.); Volkmar Thie (S. 83, 84, 85, 86, 87); www.berlin-tourist-information.de/KOCH (S. 90).

Für das zur Verfügung gestellte Bildmaterial übernimmt der Verlag keinerlei Haftung (insbesondere urheberrechtlicher, leistungsrechtlicher oder persönlichkeitsrechtlicher Art).